BARBARA DICKER & HANS KURZ

DAS BIER KOCHBUCH

250 RAFFINIERTE REZEPTE
MIT LAGER, PILS & CO.

ARS VIVENDI

INHALT

EINLEITUNG

Am Anfang war der Wein. Das heißt, er war nicht ... nicht mehr zu genießen. Wir standen am Sonntagnachmittag mit allen Zutaten für ein leckeres Bœuf Bourguignon in unserer Küche und rochen an der Rotweinflasche. Ein schrecklicher Korkenschmecker, der sicher auf das ganze Essen abfärben würde. Was tun? Der einzige andere Wein im Haus war der teure Burgunder zum Abendessen für uns und die Gäste. Unser Blick fiel auf zwei Flaschen dunkles Bockbier. Gedacht, getan. Wir schmorten das Fleisch darin. Bange Minuten, die zu Stunden wurden. Immerhin, es roch nicht schlecht. Wir probierten. Alles schien gut. Dann kamen die Gäste. Wir gestanden unser Missgeschick und tischten auf. Immer noch leicht skeptisch aßen wir die ersten Bissen – es schmeckte allen köstlich. Das Malzaroma machte sich gut, rundete das Gericht sanft ab. Unser erstes Bœuf Bierguignon war entstanden. Weil es so gut gelungen war, wurden wir zu Wiederholungstätern. Und, im Lauf der Zeit, zu Bier-Rezeptsuchern und Auspro-Bier-ern.

Wir kochten Klassiker wie Biergulasch oder Schweinsbraten mit Bierkruste nach. Wir tunkten erst Apfelringe, dann Gemüse und schließlich Fisch in Bierteig. Wir ließen auch die gute alte Biersuppe nicht aus. Dann wurden wir wagemutiger. Eine Verwandte mochte keinen Essig. Also kreierten wir Bieraigretten. Dann kamen Bier-Pfannkuchen, Pils-Risotto und schließlich Bier-Cremes und der Bockbierkuchen. Wir erlitten Fehlschläge (Rhabarbier-Kompott schmeckte scheußlich), aus denen wir lernten (Rhabarbier als Longdrink mit Wodka hat Suchtfaktor).
Ein bisschen steckte hinter unseren kulinarischen Bier-Exkursionen auch der Wunsch, die Ehre eines wunderbar vielseitigen Getränks zu retten. Seien wir ehrlich. Im Vergleich zum Wein war Bier immer eher das Proletengetränk – und auch in der Küche war's ein Underdog. Eben gerade gut genug für Schweinebraten, deftige Gulaschtöpfe oder fette Karpfen. Derb und deftig, mit diesen zwei Adjektiven lassen sich tatsächlich viele der traditionellen Bierrezepte beschreiben. Armenküche ist ein weiteres Schlagwort. In alten Quellen wie dem *Ökonomischen Handbuch für Frauenzimmer* von 1795 oder *Das häusliche Glück* und *Die Studentenküche* aus dem 19. Jahrhundert ist Bier eine billige Suppenzutat. Dass der Preußenkönig Friedrich II., wie er 1779 in einem Brief an seine hinterpommerschen Landstände schrieb, »in seiner Jugend mit Biersuppe erzogen worden« war, ist kein Beleg dafür, dass der Gerstensaft auf einmal zu Adelswürden kam, sondern eher für die sparsame kulinarische Ausrichtung des Berliner Hofes.
Wir finden nichts Schlechtes an deftigem Essen. Und Bier macht sich darin richtig gut. Dass man mit Bier allerdings noch viel mehr machen kann, wollen wir mit diesem Buch zeigen. *Das Bierkochbuch*

vereint all die Ess- und Trinkideen, die wir über die Jahre selbst entwickelt, viele, die wir von klugen Vorkochern übernommen und solche, die wir variiert haben. Ganz Bodenständiges ist mit dabei, schnelle Gerichte und etwas aufwendigere, urdeutsche und ziemlich außergewöhnliche. Wir danken all denen, die uns Anregungen gegeben haben, und stoßen mit denen an, die trotz anfänglicher Bedenken – »In dem Kuchen ist wirklich Bockbier?« – unsere Kreationen getestet und für gut befunden haben. Für die Rezepte in diesem Buch gilt das Gleiche wie für ein gutes Bier: Hauptsache, es schmeckt. So wie damals am ersten Abend. Wir tranken Bier zum Bœuf. Und am Ende war der Wein immer noch da.

Innovative Biergrill-Rezepte

Für diese Neuauflage präsentieren wir außerdem 70 Rezepte zum Biergrillen, denn Grillen und Bier, das passt einfach zusammen, finden wir. Bei der Rezepterstellung waren wir so konsequent, dass selbst Vorspeisen, Salate und Desserts vom Rost kommen. Die Grill-Rezepte sind über das gesamte Buch verteilt und jeweils mit dem runden Grillsymbol (s. o.) versehen.

Bevor es losgeht, noch ein paar Hinweise: Die Rezepte in diesem Buch sind in der Regel für vier Personen ausgelegt. Die Spannbreite, wie viel vier Menschen tatsächlich essen, ist natürlich sehr groß. Und unter einer Prise Salz versteht auch jeder was anderes. Alle Mengenangaben haben wir nach bestem Wissen und Gewissen formuliert – und wurden dabei sicher auch von unserem eigenen aktuellen Appetit geleitet. Wenn also mal was übrig bleibt, weil's einfach so viel war, können wir dafür keine Haftung übernehmen. Wenn aber restlos aufgegessen wird, wenn es sogar noch etwas mehr hätte sein dürfen, weil es gar so gut geschmeckt hat, dann ist das ganz im Sinne der Autoren. Unsere Biergrill-Ideen haben wir auf einem Holzkohlegrill zubereitet. Da je nach Güte der Kohle, Witterung und Qualität des Grillguts (vor allem des Fleisches) die Garzeiten unterschiedlich ausfallen können, sind die angegebenen Werte nur Schätzwerte. Wo sich eine spezielle Biersorte empfiehlt, haben wir das in den Zutatenlisten vermerkt. Wenn da nur »Bier« steht, funktioniert ein normales Helles am besten.

Barbara Dicker und Hans Kurz

WELCHES BIER ZU WELCHEM GERICHT?

Bierempfehlungen des Deutschen Brauer-Bundes

Salat: helles Weizenbier, helles Lager, Export

Eintopf: dunkles Lager, Kölsch, Alt

Gekochter Fisch: helles Weizenbier, helles Lager, Export

Gebratener Fisch: dunkles Lager, Pils, Alt, Kölsch

Geflügel: helles Weizenbier, helles Lager, Export, Pils, Kölsch

Meeresfrüchte: Pils, helles Weizenbier, Kölsch, Export

Braten: Pils, dunkles Lager, Kölsch, Alt, Malzbier

Steaks: dunkles Bockbier, Schwarzbier, Pils, Alt, Kölsch

Wild: Bockbier, Schwarzbier, Alt, dunkles Weizenbier

Milder Käse: helles Lager, Weizenbier, Export

Würziger Käse: Bockbier, Kölsch, Alt, Pils, dunkles Lager

Süße Nachspeisen: helles Weizenbier, Kölsch, Bockbier, Malzbier

VORSPEISEN & BROTZEITEN

Manchmal schmecken die Vorspeisen so gut, dass man sich das Hauptgericht sparen könnte. Damit man dann aber nicht hungrig vom Tisch aufsteht, sollte man die Portionen einfach verdoppeln.

Bier auf Hawaii

»Es gibt kein Bier auf Hawaii« – der Paul-Kuhn-Schlager aus dem Jahr 1963 wird auch heute noch oft und gerne in Bierzelten gespielt. Uns dient das Bier hier nur zur Würze, drum reichen zwei kleine Schnapsgläser voll.

FÜR 4 PERSONEN

4 Scheiben Toastbrot
40 ml helles Bier
4 Scheiben Kochschinken
4 Scheiben Ananas
4 Scheiben Emmentaler
Tomatenketchup (nach Belieben)

Das Brot leicht antoasten. Die Scheiben dann gleichmäßig mit ein paar Tropfen Bier beträufeln (das erspart die Butter oder Mayo).

Erst den Schinken, dann die Ananas drauflegen. Das restliche Bier in das Loch der Ananasscheibe füllen, Käse drauf. Auf einem Blech im vorgeheizten Backofen (250 °C) etwa 2–3 Minuten backen.

Wer will, kann noch Ketchup auf den fertigen Toast geben.

Warme Kölsch-Käse-Schnitten

FÜR 4 PERSONEN

4 Scheiben Weißbrot
50 g Butter
4 Bio-Eigelb
150 g geriebener Emmentaler
1 Prise Paprikapulver
100 ml Kölsch (oder ein anderes helles, nicht allzu herbes Bier)

Die Weißbrotscheiben mit Butter bestreichen. Eigelbe, Emmentaler, Paprika und das Bier zu einem Teig verrühren und auf die Butterbrote verteilen. Den Ofen auf 180 °C vorheizen und die Käseschnitten überbacken, bis sie goldbraun sind.

Bier-Crostinis

Als Appetithappen oder Begleiter zu Steak und Grillgemüse.

FÜR 4 PERSONEN

2 Knoblauchzehen
80 ml Olivenöl
100 ml Bier
1 TL getrockneter Oregano
Salz und schwarzer Pfeffer aus der Mühle
8 Scheiben Baguette

Die Knoblauchzehen schälen und sehr fein hacken. Mit Öl, Bier, Oregano, Salz und Pfeffer mischen und so lange rühren, bis sich Öl und Bier gut verbunden haben.

Die Baguettescheiben auf beiden Seiten mit der Mischung bestreichen und von jeder Seite ca. 1 Minute grillen.

Bierstöckchen

Die bierige kleine Variante des Lagerfeuerklassikers überbrückt die Wartezeit, bis die nächste Wurst fertig ist.

FÜR 4 PERSONEN

125 g Mehl, plus mehr zum Arbeiten
2 TL Salz
75 ml Bier
1 Pck. Trockenhefe
1 TL flüssiger Honig
1 TL getrockneter Rosmarin
5 EL Olivenöl

UTENSILIEN

Grillspieße aus Metall, alternativ dünne Haselzweige

Mehl und Salz in einer Schüssel mischen. Das Bier in einem Topf erhitzen, bis es handwarm ist. Hefe, Honig, Rosmarin und 3 EL Öl in die Mehlmischung geben und mit dem Rührgerät oder den Händen zu einem glatten Teig verkneten.

Die Schüssel abdecken und den Teig an einem warmen Ort 45 Minuten gehen lassen. Dann von Hand auf einer bemehlten Fläche nochmals durchkneten. Den Teig in 8–12 Stücke teilen und kleinfingerdicke Rollen von etwa 10 cm Länge daraus formen.

Die Teigrollen um Metallspieße oder gewässerte Haselzweige wickeln, mit dem restlichen Öl bepinseln und auf dem Grill für 15 Minuten rösten.

TIPP:

Stockbrot, das auf dem Grill zubereitet wird, sollte nicht zu dick geformt und nicht zu eng gewickelt werden – dann wird es außen und innen gleichmäßig gar. Fertig ist es, wenn es sich leicht vom Stock löst.

Welsh Rarebit

Die englische Variante der Käseschnitten.

FÜR 4 PERSONEN

200 g Cheddarkäse
150 ml helles Bier (passend wäre ein englisches Ale)
1 EL milder bis mittelscharfer Senf
1 Prise schwarzer Pfeffer aus der Mühle
4 Scheiben Toastbrot
Butter

Den Käse klein schneiden und mit Bier, Senf und Pfeffer in einem Topf unter ständigem Rühren erhitzen, bis eine glatte Käsecreme entsteht. Den Toast rösten, dann mit Butter und der Käsemasse bestreichen. Die Scheiben im vorgeheizten Ofen (200 °C) 3 Minuten überbacken und gleich servieren.

Zwiebelkuchen

Der wird ja traditionell zum Federweißen serviert – er kann aber auch mit und zum Bier gut schmecken.

FÜR 8–12 PERSONEN

FÜR DEN TEIG

100 ml Milch
100 ml helles Bier
300 g Weizenmehl
1 TL Salz
½ Pck. Trockenhefe
40 g Butter

FÜR DEN BELAG

1 kg Gemüsezwiebeln
150 g Bauchspeck
150 g saure Sahne
80 ml Bier
3 Bio-Eier (Größe M)
1 Prise gemahlener Kümmel
schwarzer Pfeffer aus der Mühle

Für den Teig Milch und Bier mischen und erwärmen. Das Mehl und das Salz in eine Schüssel geben. Eine Mulde in die Mitte drücken. Die Hefe mit der Hälfte der Biermilch verrühren und in die Mulde gießen. Die Schüssel zudecken und an einem warmen Ort etwa 30 Minuten gehen lassen.

Danach die Butter und die restliche Biermilch zugeben und alles zu einem Teig verkneten. Noch einmal zudecken und etwa 30 Minuten gehen lassen, bis sich das Volumen verdoppelt hat.

Für den Belag die Zwiebeln halbieren und in Scheiben schneiden. Den Bauchspeck fein würfeln und bei kleiner Hitze in einer Pfanne auslassen. Die Zwiebeln dazugeben und glasig dünsten.

Den Teig noch einmal durchkneten, dann ausrollen und auf das Blech legen. Die Zwiebeln und den Speck darauf verteilen. Saure Sahne, Bier, Eier, Kümmel und Pfeffer gut verrühren und darübergießen. Im vorgeheizten Ofen (220 °C) etwa 30–35 Minuten backen.

Dazu passt Feldsalat.

Ziege plus Bock

... plus Paprika ergibt eine vegetarische Vorspeise.

FÜR 4 PERSONEN

2 gelbe Paprikaschoten
2 EL Olivenöl
4 EL Bockbier
Salz
4 Zweige Thymian
1 Ziegenkäserolle (ca. 160 g)
schwarzer Pfeffer aus der Mühle

Die Paprikaschoten halbieren und putzen. In eine Grillschale legen und mit Öl und 2 EL Bier bestreichen. Etwas Salz darüberstreuen und für ca. 15 Minuten auf den Grill geben.

Die Thymianblättchen von den Stängeln streifen und den Ziegenkäse in vier Scheiben schneiden. Je eine davon in jede Paprikahälfte legen, Thymian darüberstreuen, pfeffern und mit dem restlichen Bier beträufeln. Die Grillschale kann dabei auf dem Rost bleiben. Alles nochmals 5–6 Minuten grillen.

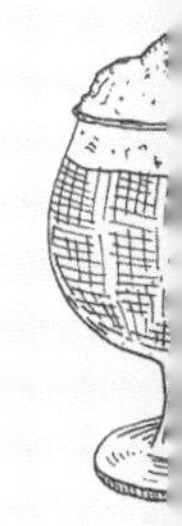

Bierfladen

FÜR 4 PERSONEN

FÜR DEN TEIG

250 g Weizenmehl
½ Pck. Trockenhefe
125 ml lauwarmes Bier
Salz
75 g Butter
1 Bio-Ei (Größe M)
Öl für das Blech

FÜR DEN BELAG

4 Frühlingszwiebeln
5 Stängel Estragon
100 g saure Sahne
1 Bio-Ei (Größe M)
Salz und schwarzer Pfeffer aus der Mühle
frisch geriebene Muskatnuss

Das Mehl in eine Schüssel sieben und eine Mulde in die Mitte drücken. Die Hefe dazugeben. Das lauwarme Bier darübergießen. Dann alles mit Salz, Butter und dem Ei zu einem möglichst glatten Teig vermengen. Den Teig zugedeckt etwa 30 Minuten an einem warmen Ort gehen lassen.

Für den Belag die Frühlingszwiebeln putzen, waschen und klein schneiden, den Estragon ebenso. Beides mit der sauren Sahne und dem Ei vermengen und mit Salz, Pfeffer und Muskat abschmecken.

Den Teig noch einmal durchkneten und in acht Stücke teilen. Jedes von ihnen auf einen Durchmesser von etwa 10–12 cm ausrollen.

Ein Backblech einfetten und die Bierfladen daraufsetzen. Mit dem Belag bestreichen. Die Fladen im vorgeheizten Backofen (180 °C) etwa 30 Minuten backen.

Rosbierin-Waffeln

Waffeln müssen nicht immer süß sein. Mit Rosmarin sind sie ein schneller, pikanter Snack.

FÜR CA. 12 WAFFELN

200 g Weizenmehl
1 gestrichener TL Backpulver
2 TL getrockneter Rosmarin
1 gestrichener TL Salz
1 Prise frisch geriebene Muskatnuss
4 Bio-Eier (Größe M)
250 ml Pils
4 EL Olivenöl
5 EL Sonnenblumenöl für das Waffeleisen

UTENSILIEN

Waffeleisen

Mehl, Backpulver, zerstoßenen Rosmarin, Salz und geriebene Muskatnuss in einer Schüssel mischen. Eier, Bier und Olivenöl dazugeben. Alles mit dem Handrührgerät auf mittlerer Stufe verrühren. Der Teig soll gebunden, aber noch leicht flüssig sein.

Waffeleisen mit Öl fetten. Den Teig portionsweise einfüllen und backen.

Dazu passen Tomatensalat und kalter Braten.

Erdnussmuffins

Ist mal was anderes, als die Erdnüsse direkt aus der Dose zu futtern.

FÜR CA. 12 MUFFINS

200 g gesalzene Erdnusskerne
100 g Butter
1 TL Zucker
4 Bio-Eier (Größe M)
200 g Weizenmehl
1 TL Backpulver
1 Prise Salz
6 EL Bier
2 EL Sojasauce
Öl für die Form

UTENSILIEN

12-er Muffinform

Von den Erdnüssen 150 g fein hacken.

Die Butter und den Zucker mit dem Handrührgerät auf höchster Stufe schaumig schlagen. Nach und nach die Eier dazugeben. Dann Mehl, Backpulver und Salz unterrühren. Zuletzt abwechselnd die gehackten Erdnüsse, Bier und Sojasauce.

Eine Muffinform fetten und den Teig einfüllen. Die restlichen Erdnüsse daraufstreuen. Die Form in den vorgeheizten Backofen (180 °C) schieben und die Muffins etwa 25 Minuten backen.

Danach die Muffins in der Form abkühlen lassen, stürzen und anrichten.

Bierwindbeutel

In einem Gasthaus mitten im Höllwald bei Murnau haben wir Windbeutel mit Kirschen gegessen. Das war gut, aber zum Bier und mit Bier verfeinert kommt die pikante Variante einfach besser.

FÜR 4 PERSONEN

FÜR DEN BRANDTEIG

250 ml Bier
70 g Butter
1 TL Salz
150 g Weizenmehl
4 Bio-Eier (Größe M)
reichlich Öl zum Frittieren

FÜR DIE FÜLLUNG

250 g Sahne
2 Packungen Meerrettichquark

Für den Teig das Bier in einen Topf gießen. Die Butter und das Salz dazugeben und alles zum Kochen bringen. Den Topf von der Platte nehmen und das gesiebte Mehl hinzufügen. Die Masse zu einem Kloß verrühren. Den Topf wieder auf die Platte stellen und unter Rühren den Mehlkloß etwa 1 Minute erhitzen. Dann den heißen Kloß in eine Rührschüssel geben. Die Eier nach und nach mit den Knethaken des Handrührers auf höchster Stufe einarbeiten. Den Teig abkühlen lassen.

Das Öl erhitzen. Mit zwei Esslöffeln etwas Teig abnocken, walnussgroße Häufchen formen und sofort in das Öl geben. Etwa 5 Minuten frittieren, bis sich das Volumen der Windbeutel vergrößert hat. Dann mit einer Schaumkelle herausheben und auf Küchenpapier abtropfen lassen.

Für die Füllung die Sahne steif schlagen. Den Quark einrühren und die Sahne unterheben. Die Windbeutel einschneiden und mit der Meerrettichsahne füllen.

Weißwürste mit Biersenf

Traditionalisten fordern, Weißwürste vor dem Mittagsläuten zu verzehren. Wir sehen das nicht so eng.

FÜR 4 PERSONEN

8 Weißwürste
1–2 EL süßliches Bockbier (hell oder dunkel)
100 ml Weißwurstsenf

ZUM SERVIEREN

4 Laugenbrezen
4 Flaschen Weißbier

Weißwürste im Wasserbad erhitzen – nicht kochen! Bier in den Senf einrühren.

Weißwürste und Biersenf mit Brezen und Weißbier servieren.

Grünkernbratlinge

Eine im doppelten Sinne vollwertige Beilage.

FÜR 4 PERSONEN

250 g Grünkern (geschrotet)
1 TL Gemüsebrühpulver
400 ml dunkles Bier
1 Zwiebel
1 Knoblauchzehe
1–2 Stängel Petersilie
1 EL Butter
½ TL Majoran
1 TL scharfer Senf
2 Bio-Eier (Größe M)
Salz und schwarzer Pfeffer aus der Mühle
Bratöl

Grünkernschrot und Brühpulver im Topf mit Bier aufgießen und unter Rühren vorsichtig aufkochen. Beim Elektroherd sofort abschalten, bei Gas 4–5 Minuten köcheln. Die Masse etwa 20 Minuten quellen, dann bei offenem Deckel ausdampfen lassen. Die Flüssigkeit sollte vollkommen aufgesogen sein (Über-Flüssiges einfach abgießen).

Zwiebel und Knoblauch mit der Petersilie fein hacken und in Butter anschwitzen. Zusammen mit Majoran, Senf und Eiern mit der Grünkernmasse vermengen. Mit Salz und Pfeffer abschmecken. Mit feuchten Händen flache Bratlinge formen.

Die Bratlinge in heißem Öl von beiden Seiten goldbraun braten.

Schmeckt warm oder kalt, als Imbiss, Beilage zum Salat oder als Hauptgericht mit Gemüse.

TIPP

Man kann natürlich auch mit einer Bier-Wasser-Mischung arbeiten.

Wer auf die Eier verzichten möchte, kann den Teig mit Grünkernmehl und/oder Semmelbröseln abbinden. So lässt sich auch ein zu feuchter Teig noch retten.

Bei den Gewürzen sind der Fantasie keine Grenzen gesetzt. Also auch mal Estragon, Thymian, Oregano, Paprika- oder Chilipulver, Curry etc. ausprobieren.

Rühr-Bierei

Ist was für den Brunch oder für den kleinen Hunger.

FÜR 4 PERSONEN
6 Bio-Eier
1 EL Bier
1 EL Sesamöl
Salz und schwarzer Pfeffer aus der Mühle
2 Tomaten
Butter zum Braten
3 Stängel Basilikum

Die Eier mit dem Bier und dem Sesamöl verquirlen, salzen und pfeffern.

Die Tomaten mit kochendem Wasser überbrühen und häuten, dann entkernen und würfeln.

Etwas Butter in einer Pfanne erhitzen und die Tomaten hineingeben. Nach etwa 1 Minute die Eimasse zugießen und stocken lassen. Dann mehrfach mit einem Kochlöffel zusammenschieben. Zum Schluss das Basilikum unterheben. Sofort servieren.

Pils-Omelett

FÜR 4 PERSONEN
10 Bio-Eier (Größe M)
100 ml Bier (Pils oder je nach Lust und Laune – funktioniert mit allen Bieren)
50 g Butter
Salz und schwarzer Pfeffer aus der Mühle
Olivenöl zum Braten

Eier, Bier, Butter (klein geschnitten, damit sie sich besser auflöst), Salz und Pfeffer zu einer schaumigen Masse verquirlen. In eine Pfanne mit etwas heißem Öl geben. 3–5 Minuten braten, bis der Boden fest und die Oberfläche schon etwas gestockt ist, dann wenden. Das geht am besten mit einem Teller in der Größe der Pfanne: Teller aufs Omelett legen, festhalten und die Pfanne umdrehen, Pfanne zurück auf den Herd und das Omelett mit der weichen Seite nach unten hineingleiten lassen. Nach weiteren 3–5 Minuten ist es fertig.

TIPP

Das Omelett kann nach Belieben aufgehübscht werden. Dazu gibt man klein geschnittenes Gemüse, Salami- oder Schinkenstücke in die Eiermasse.

Leberkäse in Bierteig

Das ist was für hartgesottene Traditionalisten – sehr gehaltvoll, aber das macht eben manchmal einfach Spaß.

FÜR 4 PERSONEN

125 g Weizenmehl
1 Bio-Ei (Größe M)
Salz
125 ml Bier
1 Bund Schnittlauch
4 Scheiben Leberkäse
Butterschmalz zum Braten

Mehl, Ei, Salz und Bier zu einem dickflüssigen Teig verrühren. Den Schnittlauch frisch schneiden und unter den Teig heben. Alles 10 Minuten ruhen lassen.

Den Leberkäse von allen Seiten mit Bierteig umhüllen. In einer Pfanne im heißen Butterschmalz auf jeder Seite etwa 5 Minuten braten.

Bockwurst in Bockbier

FÜR 4 PERSONEN

4 große Bockwürste
500 ml helles Bockbier
scharfer Senf
dunkles Brot zum Servieren

Die Bockwürste in einem großen Topf mit Bockbier begießen, bis sie gerade so bedeckt sind – um nicht zu viel von dem edlen Stoff zu verbrauchen. Erhitzen, aber immer darauf achten, dass das Bier nicht kocht. 1 EL vom Sud mit Senf verrühren und mit Brot zu den Bockwürsten servieren. Prost Mahlzeit!

TIPP

Mit dem Sud lässt sich ein Kartoffelsalat (s. Seite 161) abschmecken – ist etwas aufwendig, passt aber prima zu den Bockwürsten. Oder es gibt am nächsten Tag ein leckeres Biersüppchen.

Räucherfisch in Kräuteraspik

Die beste Fischsülze (allerdings ohne Bier) mit Bratkartoffeln haben wir in Meckpomm gegessen, im »Silberschälchen« in Ankershagen.

FÜR 4 PERSONEN
8 Blatt weiße Gelatine
400 ml Gemüsebrühe
200 ml Pils
400 g geräuchertes Fischfilet (z. B. Aal, Forelle)
8–10 Stängel Kräuter (z. B. Dill, Kerbel, Estragon, Pimpinelle, Schnittlauch oder Kapuzinerkresse)
4 frische Kapuzinerkresseblüten

Die Gelatine nach Packungsanleitung auflösen – in der Regel in kaltem Wasser einweichen. Die Brühe erwärmen (nicht über 70 °C), das Bier zugeben. Den Fisch in flache Stücke schneiden und gleichmäßig auf vier tiefe Teller verteilen. Kräuter frisch schneiden und darüberstreuen.

Die Gelatine aus dem Wasser nehmen, auspressen, in der warmen Bierbrühe auflösen und alles in die Teller gießen. Mit den Kapuzinerkresseblüten dekorieren (die kann man mitessen!). Teller im Kühlschrank kalt stellen, bis die Sülze fest ist. Das kann ein paar Stunden dauern.

Bratkartoffeln passen prima dazu.

Bier-Buletten

FÜR 4 PERSONEN
1 trockenes Brötchen
100 ml Bier (Helles, nach Geschmack)
500 g gemischtes Hackfleisch
1 Zwiebel
1 EL scharfer Senf
1 Bio-Ei (Größe M)
Salz und schwarzer Pfeffer aus der Mühle
Öl zum Braten
Brot zum Servieren

Das Brötchen im Bier einweichen, dann gut ausdrücken (Bier auffangen) und über dem Fleisch zerrupfen. Die Zwiebel sehr fein hacken und hinzufügen. Aufgefangenes Bier mit Senf, Ei, Salz und Pfeffer verquirlen und darübergeben. Alles zu einem Teig verkneten. Aus der Masse Buletten in der gewünschten Größe formen – darauf achten, dass sie möglichst flach sind. Anschließend von beiden Seiten jeweils etwa 4–5 Minuten in heißem Öl anbraten.

Schmeckt auch kalt. Dazu ein Brötchen und/oder Kartoffelsalat reichen. Normalerweise gibt's bei uns den Senf zum Dippen dazu. Fürs Bier ist er hier aber ein ausgezeichneter Emulgator, der dafür sorgt, dass die Masse nicht zu flüssig wird.

VON BIERGÄRTEN UND KELLERN

Die Institution der bayerischen Biergärten ist weithin bekannt und hat auch anderswo Nachahmer gefunden. Leider hat sich aber nicht überall das in Bayern verbriefte Recht durchgesetzt, dass man seine eigene Brotzeit mitbringen darf. Weniger bekannt ist, dass es im Norden Bayerns, in Franken also, meistens nicht in den Biergarten, sondern auf den Bierkeller geht. Wer hier zum Kellerbesuch eingeladen wird, muss nicht fürchten, dass es in ein finsteres Verlies geht. Vor der Erfindung der Kältemaschine lagerten die Brauer das im Frühjahr eingebraute Bier in tiefen, kühlen Stollen. Die Hänge oder Berge, in die die Stollen eingegraben waren, wurden meist zusätzlich mit Schatten spendenden Bäumen bepflanzt. Das Bier (z. B. Märzen) war, der längeren Lagerfähigkeit wegen, stärker und wurde oft zusätzlich mit im Winter gewonnenem Eis gekühlt. Im Sommer schenkte man es dann gleich vor Ort aus. Der Keller ist also kein trostloser, dunkler Ort, sondern – meist an einem Hang oder auf einem Hügel gelegen – ein schattiges Plätzchen mit schöner Aussicht. Also ideal zum Genuss eines kühlen Biers und einer köstlichen Brotzeit – für die wir hier ein paar Anregungen liefern wollen.

Obatzda

In Franken heißt dieses Biergarten-Must-have »Gerupfter«.

FÜR 4 PERSONEN
250 g Camembert
1 Zwiebel
1 EL Butter
100 g Frischkäse (Doppelrahmstufe)
Salz und schwarzer Pfeffer aus der Mühle
Paprikapulver
Kümmelsamen
4 EL Bier

Den Camembert mit zwei Gabeln zerpflücken. Die Zwiebel fein hacken und zusammen mit Butter und Frischkäse untermischen. Mit Salz, Pfeffer, Paprika und Kümmel abschmecken. Zum Schluss das Bier unterrühren. Etwa 1 Stunde durchziehen lassen.

Dazu passt Rettich.

TIPP

Übrigens, je vollreifer der Camembert, desto besser gelingt der Obatzda!

Kräuterquark

Manche machen den Quark mit Mineralwasser geschmeidig, wir empfehlen Bier.

FÜR 4 PERSONEN
1 Bund Kräuter (z. B. Schnittlauch, Kerbel, Oregano, Kapuzinerkresse)
Salz
2–3 EL Kellerbier oder Lager
500 g Quark (40 % Fett)

Kräuter waschen und frisch schneiden. Mit 1 Prise Salz und dem Bier in den Quark einrühren.

Limburger mit Musik

Vor allem die Zwiebeln machen hier die Musik, das Bier sorgt für die besondere Note.

FÜR 4 PERSONEN
300 g Limburger Käse
1 Zwiebel
Salz und schwarzer Pfeffer aus der Mühle
1 EL Bieressig
1 EL Sonnenblumenöl
1 EL Pils

Den Käse in fingerdicke Scheiben schneiden. Die Zwiebel fein hacken und darüberstreuen, dann salzen und pfeffern. Essig, Öl und Bier vermischen und darübergießen.

TIPP

Das Dressing passt auch zu Harzer Käse, Sülze und diversen Wurstsorten.

Schweizer Wurstsalat

Mit einem Hauch von Bier das ideale Plus für den Biergartenbesuch oder den lauen Sommerabend auf dem heimischen Balkon.

FÜR 4 PERSONEN
300 g Fleischwurst
250 g Emmentaler oder Bergkäse (in Scheiben)
1–2 Zwiebeln
1 kleines Bund Schnittlauch
3–4 EL Salatöl
1–2 EL Apfelessig
2–3 EL Pils
Salz und schwarzer Pfeffer aus der Mühle

Die Wurst in dünne Scheiben, den Käse in etwa 2 cm x 2 cm große Würfel, die Zwiebeln in dünne Ringe schneiden. Alles in eine flache Salatschüssel geben.

Den Schnittlauch frisch in feine Röllchen schneiden. Öl, Essig und Bier mit Salz und Pfeffer gut verrühren und über den Wurstsalat gießen. Alles vermengen und mit Schnittlauchröllchen bestreuen.

Dazu ein würziges Bauernbrot.

TIPP

Hier mit dem Bier wirklich sparsam umgehen! Denn der Wurstsalat soll nicht in der Sauce schwimmen – wie es leider in vielen Gaststätten der Fall ist. Auch verzichtet der Purist gerne auf Beigaben wie Tomaten (geben zu viel Wasser ab), Essiggurken (die Säure braucht es wirklich nicht mehr) oder gar Eier und Oliven. Allenfalls Rettich passt noch gut dazu.

Tellersülze

Wer will, kann sich die Sülze selber aus Schweinefüßen, Knochen und Ähnlichem auskochen. Wir machen es uns einfach und nehmen fertige Blattgelatine.

FÜR 4 PERSONEN

8 Blatt Gelatine
200 ml helles Bier
400 ml Gemüse- oder Fleischbrühe
500 g kalter Braten
8 Essiggurken
4 hart gekochte Bio-Eier (Größe M)

Die Gelatine nach Packungsanleitung auflösen – in der Regel in kaltem Wasser einweichen. Bier und Brühe in einem Topf erwärmen – nicht über 70 °C erhitzen. Den kalten Braten, die Gürkchen und die Eier in flache Scheiben schneiden und gleichmäßig auf vier tiefe Teller verteilen. Die Gelatine aus dem Wasser nehmen, auspressen, in der warmen Bierbrühe auflösen und diese in die Teller gießen. Die Teller im Kühlschrank kalt stellen, bis die Sülze fest ist. Das kann ein paar Stunden dauern. Am besten bereitet man die Tellersülze also schon am Vortag vor.

Mit Brot servieren. Auch Bratkartoffeln passen prima dazu.

TIPP

Bei der Tellereinlage sind der Fantasie natürlich keinerlei Grenzen gesetzt.

Forellenfilets mit Weizenkren

Ein ebenso leckerer wie einfacher erster Gang für viele Menüs. Kren ist nichts anderes als Meerrettich.

FÜR 4 PERSONEN

4 geräucherte Forellenfilets
3 EL Sahnemeerrettich
1 EL Helles
frische Kresse

Je 1 Filet auf einen Teller legen. Kren und Helles gut verrühren und neben die Fischfilets geben. Beides mit Kresse bestreuen und fertig!

TIPP

Der Biermeerrettich passt auch hervorragend zu Bratwürsten.

Bierradi

Der Radi (Rettich) muss weinen. Dazu braucht er eigentlich nur Salz. Ein Hauch von Bier fängt die Tränen aber wunderbar auf.

FÜR 4 PERSONEN

1 Rettich
Salz
1–2 EL Kellerbier oder Lager

Den Radi sauber putzen oder schälen, dann fein einschneiden – am Schluss soll eine Ziehharmonika entstehen. Wenn das Messer doch mal durchgleitet, sind einzelne Scheiben oder mehrere Stücke auch kein Drama. Dem Geschmack tut das keinen Abbruch.

Den Rettich auseinanderziehen, salzen und mit Bier beträufeln. Im Biersalz mehrmals wenden und ziehen lassen. Nach 5–10 Minuten hat das Salz dem Rettich genügend Flüssigkeit entzogen, er hat also genug geweint – fertig ist der Bierradi.

Da passt eigentlich nur eine Laugenbreze dazu.

Currywurst

Currywurst und Bier – die Standarddiät deutscher Männer. Hier ist beides schon vereint. Ein Bier dazu schmeckt trotzdem.

FÜR 4 PERSONEN

4 große Bratwürste (à 250–300 g)
Öl zum Braten
1 EL Currypulver

FÜR DIE SAUCE

80–100 g Tomatenmark
Olivenöl
1 EL Cayennepfeffer
2 EL Currypulver
100 ml Orangensaft
100 ml helles Bier, plus mehr nach Bedarf
1–2 TL Zucker
Salz und schwarzer Pfeffer aus der Mühle

Für die Sauce das Tomatenmark in heißem Öl anschwitzen. Cayennepfeffer und Currypulver einrühren. Mit Orangensaft ablöschen, gut durchrühren und kurz aufkochen lassen. Bier und Zucker in die nur noch leicht köchelnde Sauce geben. Alles mit Salz und Pfeffer abschmecken. 2–3 Minuten köcheln und danach abkühlen lassen. Wenn die Sauce zu dick ist, einfach mit etwas Bier verdünnen.

Die Würste mehrfach quer leicht anritzen und in Öl braten.

Auf Teller legen – oder in Scheiben schneiden und auf Pappschälchen verteilen –, Sauce drüber und noch mal mit Currypulver bestreuen.

Dazu ein Brötchen oder Pommes servieren.

TAPAS

»Tapa« heißt »Deckel«. Der wird in Spanien auf die Weingläser gelegt, zum einen um Fliegen fernzuhalten und zum anderen, um darauf kleine Gerichte zu servieren. Wir machen daraus Bierdeckel.
Zur Ergänzung empfiehlt es sich, Schälchen oder kleine Teller mit Oliven, eingelegten Paprika, Manchego-Käse, Serrano-Schinken oder ähnlichen Vorspeisen, die kein Bier benötigen, zu servieren. Als Beilage hierzu ist Weißbrot ein Muss.

Bier-Speckdatteln

Die spanische Tapa wird klassisch mit Sherry zubereitet. Das Pils verleiht ihr eine feine Herbe.

FÜR 4 PERSONEN

12 getrocknete Datteln
12 blanchierte Mandeln
4 EL Pils
6 Scheiben Bacon

UTENSILIEN

Zahnstocher (bei Bedarf)

Die Datteln der Länge nach einschneiden und die Kerne herauslösen. In jede Dattel 1 Mandel setzen. Die Datteln in einen tiefen Teller geben, mit dem Bier beträufeln und 30 Minuten ziehen lassen.

Die Baconscheiben halbieren und jede Dattel mit einer Hälfte umwickeln. Falls nötig, den Bacon mit einem Zahnstocher fixieren.

Die Datteln in eine Grillschale legen und unter mehrfachem Wenden 5 Minuten grillen – oder so lange, bis der Bacon knusprig ist.

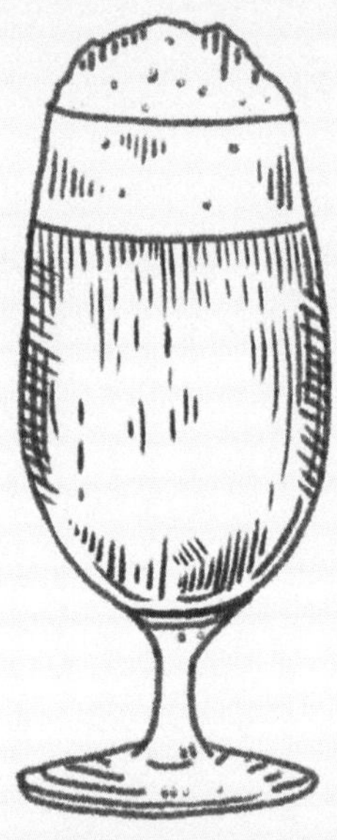

Marinierte Sardinen

FÜR 4 PERSONEN

12 kleine Sardinen (à 50–60 g, küchenfertig und geschuppt)
Salz und schwarzer Pfeffer aus der Mühle
Weizenmehl
Olivenöl zum Braten
2 Zwiebeln
4–5 EL Sherryessig
1–2 TL bunte Pfefferkörner
2 Lorbeerblätter
100 ml helles Bier

Die Sardinen salzen, pfeffern und in Mehl wenden. In Olivenöl von jeder Seite etwa 2–3 Minuten braten. Herausnehmen und in eine flache Schale legen.

Die Zwiebeln in dünne Ringe schneiden. Den Essig in eine heiße Pfanne (ohne Öl) geben. Pfefferkörner und Lorbeerblätter dazu. Mit Bier aufgießen, aufkochen lassen, Herd ausschalten (beim Elektroherd die Pfanne nach 1–2 Minuten vom Herd nehmen).

Wenn sich der Bierschaum gelegt hat, die Sardinen mit dem heißen Sud übergießen. Abkühlen lassen und dann noch 2–3 Stunden in den Kühlschrank stellen. Kalt servieren.

TIPP

Frisch geröstete Pinienkerne passen gut dazu.

Hähnchenbrust in Knobier

FÜR 4 PERSONEN
500 g Hähnchenbrustfilet
4–6 Knoblauchzehen
1–2 TL schwarze Pfefferkörner
2–3 Zweige frischer Thymian
1 Lorbeerblatt
Salz
200–250 ml Export oder Kellerbier
Olivenöl zum Braten
schwarzer Pfeffer aus der Mühle

Die Hähnchenbrust gut waschen, in 1–2 cm dicke Streifen schneiden und in eine Schüssel legen. Den Knoblauch mit den Pfefferkörnern zerdrücken. Mit Thymian und Lorbeerblatt zum Hähnchen geben, etwas Salz darüberstreuen und mit Bier aufgießen, bis das Fleisch bedeckt ist. Alles gut vermischen und für mehrere Stunden in den Kühlschrank stellen.

Das Fleisch aus der Marinade nehmen und gut abtropfen lassen. Die Marinade durch ein Sieb abgießen, die Flüssigkeit auffangen. Die Filetstreifen in heißem Olivenöl gut anbraten. Mit 5–6 EL der Marinade ablöschen, Hitze reduzieren und alles noch 10–15 Minuten ganz leicht köcheln lassen. Mit Salz und frisch gemahlenem Pfeffer abschmecken.

Warm oder kalt servieren.

Chorizo in Schwarzbiersauce

FÜR 4 PERSONEN
250 ml Schwarzbier
1 Zweig frischer Rosmarin
1 Lorbeerblatt
250–300 g Chorizo (spanische Paprikawurst)
1–2 TL dunkler Balsamicoessig
1 Prise Zucker
Salz und schwarzer Pfeffer aus der Mühle (nach Belieben)

Das Bier mit Rosmarin und Lorbeerblatt etwa auf die Hälfte einkochen. Die Chorizo in etwa 1 cm dicke Scheiben schneiden und in die Sauce geben. 15–20 Minuten höchstens leicht köcheln lassen. Mit Balsamico, Zucker sowie nach Belieben Salz und Pfeffer abschmecken. Abkühlen lassen, aber noch warm servieren.

SAUCEN, DIPS & MARINADEN

Zu Gebratenem oder Gegrilltem muss es meist etwas zum Auftunken oder Dippen geben, sei es ein würziger Biersenf oder ein herber Weizen-Kräuter-Dip.

Marinaden geben Fleisch, Fisch oder auch Gemüse vor dem Grillen eine bestimmte Geschmacksnote, wofür man sie ein paar Stunden, oder schon 1 Tag vor dem Grillen einlegen sollte. Für kleinere Teile, insbesondere Gemüse und Fisch, reichen dagegen meist schon 30–60 Minuten, für dünne Fleischscheiben und Spieße 1–3 Stunden. Große Fleischstücke – egal, ob sie dann im Smoker zubereitet werden oder aufgeschnitten auf den Rost kommen – dürfen auch schon mal 2 Tage im Kühlschrank ziehen. Die Marinaden lassen sich anschließend gut zu Saucen weiterverarbeiten, indem sie durch ein Sieb passiert und danach durch Kochen reduziert werden. Weil wohl niemand Lust hat, am Herd zu stehen, wenn das Marinierte schon auf dem Grill liegt, lässt sich das auch noch am nächsten Tag nachholen.

Jedes Saucen- bzw. Dip-Rezept ergibt ca. 500 ml für 5–6 Portionen. Für unsere Marinaden-Rezepte verwenden wir etwas weniger als den Inhalt einer Halbliterflasche Bier. (Der Rest ist zum Testen für den Koch/die Köchin.) Sie sind für rund 1 kg Fleisch oder anderes Grillgut ausgelegt. Je nach Art und Menge des Grillguts kann natürlich mehr bzw. weniger nötig sein, um es vollständig zu bedecken.

Tomatensauce

Passt prima zu Pasta und zu vielen Fisch- und Geflügelgerichten.

FÜR 4 PERSONEN
1–2 Zwiebeln
1 Knoblauchzehe
1–2 EL Olivenöl zum Braten
1 EL Tomatenmark
100 ml helles Bier
500 g gehackte oder passierte Tomaten
1 TL gerebelter Oregano
Salz und schwarzer Pfeffer aus der Mühle
8–10 Blätter frisches Basilikum

Zwiebeln und Knoblauch fein hacken. In Olivenöl anbraten (der Knoblauch darf nicht braun werden). Das Tomatenmark mit anschwitzen. Die Hälfte des Biers einrühren. Dann die Tomaten und den Rest vom Bier drüber, Oregano hinein, mit Salz und Pfeffer abschmecken und 20–30 Minuten köcheln lassen. Mit Basilikumblättern garniert servieren.

Bierchamelsauce

Seit der Erfindung der Saucenbinder gilt die Béchamelsauce als etwas angestaubt (»Becher-Mehl-Soß«). Mit Bier verleihen wir ihr neue Frische.

FÜR 4 PERSONEN
20 g Butter
1 EL Weizenmehl
100 ml Milch
100 ml helles Bier
50 g Sahne
frisch geriebene Muskatnuss
Salz und weißer Pfeffer aus der Mühle

Die Butter im Topf schmelzen – nicht zu heiß werden lassen. Das Mehl mit einem Schneebesen einrühren und anschwitzen. Es soll aufschäumen, darf aber nicht braun werden. Unter ständigem Rühren erst die Milch, dann das Bier und schließlich die Sahne langsam zugießen. 5–10 Minuten leicht köcheln und dabei weiter umrühren, zwischendurch mit Muskatnuss, Salz und Pfeffer abschmecken.

TIPP

Sollte das Mehl leicht geklumpt haben, kann man die Sauce durch ein Sieb passieren.

Süßscharfe Sauce

Das Bier sollte hier keine hervorstechende Hopfennote haben. Es sollte einem eingefleischten Pilstrinker auf alle Fälle »zu süß« sein.

- 1–2 rote Spitzpaprika
- 2–4 rote Chilischoten
- 2–3 Frühlingszwiebeln
- 450 g Ananasstücke (aus der Dose), plus Einlegeflüssigkeit (nach Belieben)
- 2 EL neutrales Bratöl
- 1 EL Sesamöl
- 2 EL Reisessig
- 200 ml Märzen
- 2–3 EL helle Sojasauce

Spitzpaprika und Chilis waschen, putzen und sehr fein schneiden. Die Chilis samt Kernen zusätzlich im Mörser zerdrücken. Die Frühlingszwiebeln waschen, putzen und den weißen und grünen Teil getrennt voneinander klein schneiden. Die Ananasstücke abtropfen lassen – die Flüssigkeit dabei auffangen! Die Stücke möglichst klein schneiden bzw. rupfen.

Das Bratöl nicht zu stark erhitzen, dann das Sesamöl zugeben. Paprika, Chili und grüne Frühlingszwiebeln darin anbraten. Nach etwa 5 Minuten die Ananas und den Reisessig zugeben, nach weiteren 5 Minuten das Bier und, nach Geschmack (jedoch maximal die gleiche Menge), Ananaswasser angießen. Alles aufkochen und ohne Deckel um ein Drittel bis die Hälfte einkochen (etwa 40–50 Minuten). 5–10 Minuten vor Schluss die weißen Frühlingszwiebeln zugeben und mit Sojasauce abschmecken.

Passt perfekt zu Geflügel, aber auch zu gegrillten Auberginen und Zucchini.

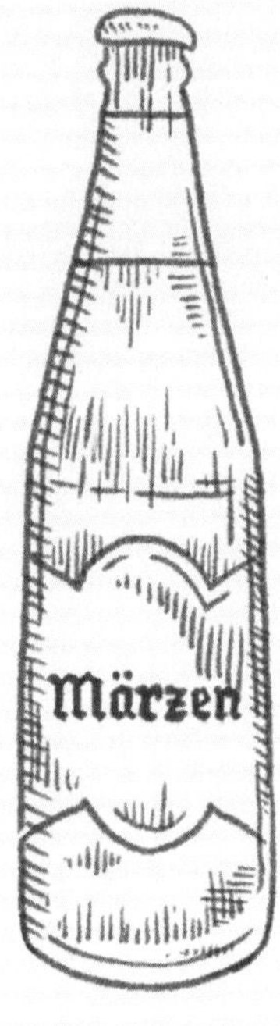

Scharfe Sache

Wir haben im Gartenmarkt aus Versehen zu einer Habanero-Pflanze gegriffen. Von diesen Chilis mit rund 500.000 Scoville-Einheiten auf der Schärfeskala reicht schon eine Schote für das folgende Rezept. Die meiste Schärfe findet sich im Samenansatz, in den Scheidewänden und erst danach in den Kernen. Je nach Schärfegrad und Schärfewunsch können diese entfernt werden – oder auch nicht.

ERGIBT CA. 500 G

je 1 grüne und rote Paprikaschote
2 EL Olivenöl zum Braten
3–5 Chilischoten
1–2 EL getrocknete mediterrane Kräuter (z. B. Oregano oder Thymian)
100 ml dunkles Bier
400 g grob passierte Tomaten (Passata rustica)
Salz

Die Paprikaschoten waschen, putzen und fein würfeln. Das Olivenöl erhitzen und die Würfel darin anschwitzen. Die Chilis waschen und putzen, dabei je nach Schärfewunsch Scheidewände und Kerne entfernen, dann klein schneiden und im Mörser weiter zerdrücken. Unter die angebratenen Paprikas mischen und die Kräuter dazugeben. Mit dem Bier ablöschen und die Flüssigkeit auf etwa die Hälfte einkochen. Die Tomaten hinzufügen, mit Salz abschmecken und etwa 30 Minuten bei geringer Hitze köcheln lassen.

Schmeckt gut zu Fleischgerichten aller Art.

TIPP

Wenn genügend Zeit ist, können die Paprika schon vorab gegrillt werden. Das gibt noch ein Extra-Grillaroma.

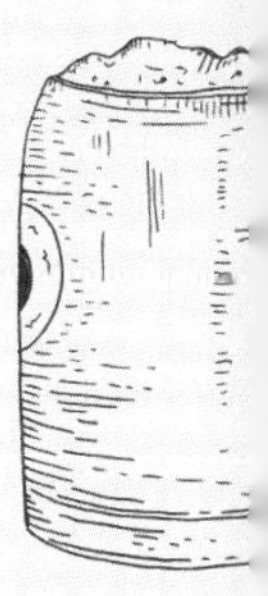

Dunkle Biersauce

FÜR 4 PERSONEN

1 Karotte
1 Zwiebel
80 g durchwachsener Speck
1–2 TL Olivenöl zum Braten
1 Zweig Rosmarin (je nachdem, was die Sauce begleitet, auch Thymian, Oregano, Salbei)
1 EL Weizenmehl
500 ml dunkles Bier
Salz und schwarzer Pfeffer aus der Mühle
30 g eiskalte Butter

Die Karotte schälen und zusammen mit Zwiebel und Speck sehr fein würfeln. In heißem Olivenöl anschwitzen. Rosmarinnadeln frisch schneiden und zusammen mit dem Mehl in den Topf geben. Weitere 2–3 Minuten anschwitzen, dabei ständig umrühren (das Mehl soll leicht anbräunen).

Langsam mit Bier ablöschen – Vorsicht: kann stark schäumen! Erst wenn sich der Bierschaum allmählich legt, stärker aufkochen und auf die Hälfte der Flüssigkeit reduzieren. Dann den Herd abschalten und die Sauce mit Salz und Pfeffer abschmecken. Wenn die Sauce aufhört zu kochen, die eisgekühlte Butter in kleinen, dünnen Stücken einrühren.

Wer die Sauce ganz glatt haben will, kann sie nach der Butterzugabe durch ein Sieb passieren.

Helle Biersauce

FÜR 4 PERSONEN

1 Zwiebel
2 EL Olivenöl zum Braten
1 EL Weizenmehl
200 ml Gemüsebrühe
200 ml helles Bier
100 g Sahne
30 g Butter
schwarzer Pfeffer aus der Mühle

Die Zwiebel fein hacken und in Olivenöl andünsten. Wenn die Zwiebeln glasig sind, das Mehl darüberstreuen und 1 Minute anschwitzen, dabei ständig rühren.

Mit Brühe aufgießen und aufkochen, dann nach und nach – damit es nicht zu sehr schäumt – das Bier und schließlich die Sahne zugießen. Die Flüssigkeit sollte etwa auf die Hälfte einkochen. Anschließend die Sauce vom Herd nehmen und die in kleine Stücke geschnittene Butter darin auflösen. Mit Pfeffer abschmecken. Salz wird wegen der Brühe kaum nötig sein.

Zwiebelsauce

Angebräunte Zwiebeln und braunes Bier – perfekt.

FÜR 4 PERSONEN
2–3 Zwiebeln
2 EL Butter
1 TL brauner Zucker
250 ml dunkles Bier
1 TL Kümmelsamen (im Mörser zerstoßen oder gemahlen)
Salz und schwarzer Pfeffer aus der Mühle
100 g Sahne
1 EL Weizenmehl (nach Bedarf)

Die Zwiebeln fein würfeln und in der Hälfte der Butter goldgelb bis leicht braun anbraten. Den Zucker zugeben. Unter ständigem Rühren langsam mit Bier aufgießen. Den Kümmel dazu und leicht einkochen lassen. Mit Salz und Pfeffer abschmecken. Nach etwa 10 Minuten die restliche Butter und die Sahne einrühren. Bei Bedarf mit Mehl abbinden.

Zwiebelcreme

2 rote Zwiebeln
3 EL Olivenöl
1 EL Tomatenmark
4–5 Salbeiblätter
2 EL Balsamicoessig
100 ml helles Hefeweizen
300 g Crème fraîche
1 TL gemahlener schwarzer Pfeffer
Salz

Die Zwiebeln schälen und in dünne Ringe schneiden. Das Olivenöl in einer Pfanne erhitzen und die Zwiebeln darin anbraten. Das Tomatenmark hinzufügen. Die Salbeiblätter waschen, trocken tupfen, klein schneiden und dazugeben. Sobald die Zwiebelringe glasig werden, den Balsamico dazugießen, kurz darauf das Hefeweizen. Crème fraîche einrühren, mit Pfeffer und Salz würzen und die Sauce kurz aufkochen. Anschließend etwa 10 Minuten bei geringer Hitze köcheln lassen.

Diese Sauce wird am besten warm zu Grillgemüse, Fisch oder hellem Fleisch serviert, lässt sich aber auch kalt genießen.

Senfsauce

Passt zu vielen Fischgerichten.

FÜR 4 PERSONEN

1 EL Butter
1 EL Weizenmehl
2 Bio-Eigelb
200 ml Fischfond
200 ml helles Bier (Export)
2 TL Senf
Saft von ½ Zitrone
Zucker
Salz

Butter und Mehl miteinander verkneten. Die Eigelbe mit etwa 50 ml Fischfond verquirlen. Den restlichen Fond und das Bier in einem Topf erhitzen. Erst das Butter-Mehl-Gemisch, dann die Eigelbmasse und den Senf einrühren. Kurz aufkochen und 5–10 Minuten leicht köcheln lassen. Mit Zitronensaft, Zucker und Salz abschmecken.

TIPP

Statt Zitrone mal Orange probieren.

Bayerisch Hollandaise

Könnte auch Rheinisch, Friesisch oder Kölsch Hollandaise heißen. Unsere Version schmeckt mit vielen hellen Biersorten.

FÜR 4 PERSONEN

2 Bio-Eigelb
60 ml helles Bier
Salz und schwarzer Pfeffer aus der Mühle
150 g Butter
1 Spritzer Zitronensaft

Die Eigelbe und das Bier über einem heißen Wasserbad mit dem Schneebesen cremig schlagen. Mit Salz und Pfeffer würzen.

Die Butter bei niedriger Hitze schmelzen. Leicht abkühlen lassen und unter ständigem Rühren in die Ei-Bier-Creme geben. Zum Schluss mit Zitronensaft abschmecken.

Wird klassisch zu Spargel gegessen, passt aber auch gut zu Fisch.

Sommersauce

Hier sind nur frische Zutaten drin – für Köche, die etwas mehr Zeit und Muße haben. Damit die Sauce richtig durchziehen und abkühlen kann, sollte sie mindestens einen halben Tag vorher zubereitet werden.

600 g Roma- oder Flaschentomaten
2 Schalotten
1 EL Olivenöl
100 ml Lager (z.B. Märzen)
1 Stängel Lavendel (wenn möglich, mit Blüten)
1 Zweig Thymian (wenn möglich, mit Blüten)
10 Basilikumblättchen
Blätter von 3–4 Stängeln Oregano
Salz

Die Tomaten leicht einritzen und mit kochendem Wasser übergießen (damit sie sich leichter häuten lassen). Dann die Haut abziehen, das wässrige Innere und die Kerne entfernen, das Fruchtfleisch sehr fein würfeln. Die Schalotten schälen und ebenfalls fein würfeln. Das Olivenöl in einem Topf nicht zu stark erhitzen und die Schalotten darin glasig anschwitzen. Tomaten und Bier zugeben. Bei schwacher Hitze ca. 15 Minuten köcheln lassen.

Die Kräuter waschen und trocken tupfen. Blätter und ggf. Blüten von Lavendel und Thymian abzupfen. Zusammen mit Basilikum und Oregano fein hacken oder mit einem Wiegemesser sehr fein schneiden. Die Kräuter in die Sauce rühren, mit Salz abschmecken, kurz aufkochen und im geschlossenen Topf ohne Hitze – oder mit Nachwärme von der Herdplatte – ziehen lassen. Nachdem die Sauce abgekühlt ist, noch mindestens 1–2 Stunden in den Kühlschrank stellen.

Die Sauce ist ein Allrounder und passt zu ziemlich allem.

Grüne Tapenade

Ein Klassiker aus Südfrankreich, den man auch mit schwarzen Oliven zubereiten kann.

FÜR 4 PERSONEN

150 g grüne Oliven ohne Stein
20 g in Salz eingelegte Kapern
2 Knoblauchzehen
1 TL mittelscharfer Senf
3 EL natives Olivenöl extra
1 Schuss Weizenbier
Salz und schwarzer Pfeffer aus der Mühle

Die Oliven klein schneiden. Die Kapern in einem Sieb abtropfen lassen. Beides zusammen mit dem Knoblauch in ein hohes Rührgefäß geben, den Senf hinzufügen und das Ganze mit dem Pürierstab zerkleinern. Nach und nach das Öl zugeben. Mit Weizenbier, Salz und Pfeffer abschmecken und noch einmal verrühren.

Passt zu Kurzgebratenem oder Gegrilltem. Auf getoastetem Weißbrot ist die Tapenade eine schnelle Vorspeise.

Thunfisch-Dip

Nicht eben kalorienarm, aber köstlich. Und wenn man nur Möhrchen oder Staudensellerie reintunkt, gleicht sich die Nährwertbilanz wieder aus.

FÜR 4 PERSONEN
150 g Thunfisch in Öl
3 EL Mayonnaise
1 EL Kapern
2 EL Bier
¼ Bund Schnittlauch
Salz und schwarzer Pfeffer aus der Mühle

Den Thunfisch abtropfen lassen. Mit Mayonnaise, Kapern und Bier in ein hohes Rührgefäß geben und mit dem Pürierstab fein zerkleinern. Den Schnittlauch frisch schneiden und dazugeben. Mit Salz und Pfeffer abschmecken.

Ein idealer Begleiter zu Rohkost.

Weizen-Kräuter-Dip

Zitronenmelisse und Weizenbier gehen hier eine raffinierte Partnerschaft ein.

FÜR 4 PERSONEN
2 Knoblauchzehen
125 ml Kristallweizen
2 EL natives Olivenöl extra
4 Stängel glatte Petersilie
4 Bund Schnittlauch
3 Stängel Zitronenmelisse
1–2 EL Apfelessig
1 EL mittelscharfer Senf
1 hart gekochtes Bio-Ei (Größe M)
Salz und schwarzer Pfeffer aus der Mühle
Zucker

Die Knoblauchzehen fein hacken, dann mit Weizenbier und Öl verrühren. Die Kräuter frisch schneiden und mit Essig und Senf zu der Ölmischung geben. Das Ei schälen, fein schneiden und darunterziehen. Mit Salz, Pfeffer und Zucker abschmecken.

Einfach mal Chicorée-Blätter reintunken!

Knobier-Dip

Je herber das Bier, desto besser.

FÜR 4 PERSONEN
200 g Crème fraîche
Saft von ½ Zitrone
1 EL Pils
3 Knoblauchzehen
Salz und schwarzer Pfeffer aus der Mühle
Worcestersauce

Crème fraîche mit Zitronensaft und Bier verrühren. Die Knoblauchzehen salzen und fein zerdrücken. Zum Dip geben und alles schaumig aufschlagen. Mit Salz, Pfeffer und Worcestersauce abschmecken.

Passt zu kurz gebratenem Fleisch und zu Fondue, schmeckt aber auch als Dip zu Sellerie oder Karotten.

Knobierbutter

Kein Grillabend ohne Knoblauchbutter. Kein Grillabend ohne Bier. Hier verschmilzt beides.

FÜR 4 PERSONEN
(Lässt sich aber auch in größeren Mengen gut einfrieren)
2 Knoblauchzehen
150 g weiche Butter
2 EL dunkles Bier
1 TL milder Senf
Salz und schwarzer Pfeffer aus der Mühle

Die Knoblauchzehen durch eine Presse drücken. Mit Butter, Bier und Senf verrühren, am besten mit einem Mixgerät. Mit Salz und Pfeffer abschmecken und etwa 15 Minuten ruhen lassen.

Die Butter anschließend in kleine Schälchen füllen oder mithilfe von Frischhaltefolie zu Rollen formen und für mindestens 1 Stunde in den Kühlschrank stellen.

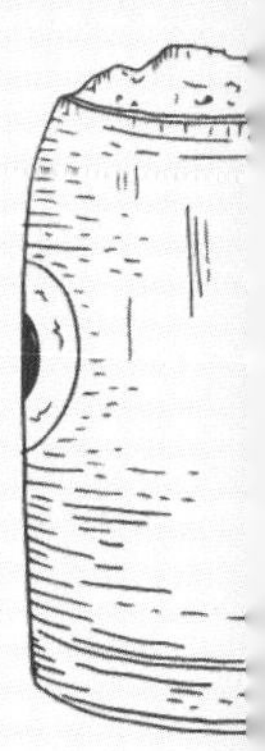

Estragon-Weizen-Butter

Der Minischuss Weizenbier unterstreicht den anisartigen, frischen Geschmack des Estragons.

150 g weiche Butter
Salz
1 unbehandelte Bio-Zitrone
4 Stängel Estragon
schwarzer Pfeffer aus der Mühle
1 TL Hefeweizen

Die Butter in eine Schüssel geben, leicht salzen und mit dem Handrührgerät schaumig rühren.

Die Zitrone heiß waschen und abtrocknen. Mit einer feinen Reibe etwa 1 TL der Schale abreiben. Den Estragon waschen und trocken tupfen, die Blätter von den Stängeln streifen und fein hacken.

Zitronenschale, Estragon und Pfeffer unter die Butter rühren. Zum Schluss das Bier zugeben und so lange weiterrühren, bis eine glatte Masse entstanden ist. Aus der Buttermischung eine Rolle formen, diese erst in Frischhalte-, dann in Alufolie wickeln und für mindestens 5 Stunden in den Kühlschrank legen.

Zum Servieren die Rolle in etwa 1 cm dicke Scheiben schneiden.

Die Butter passt wunderbar zu Hähnchen oder Fisch.

TIPP

Die Rolle lässt sich nicht nur besser formen, wenn die Buttermischung auf Frischhaltefolie gelegt wird, die Butter kommt dadurch auch nicht in direkten Kontakt mit der Alufolie.

Vegane Bieronaise

So lecker, dass sie auch bekennende Ei-Fans überzeugt.

ERGIBT CA. 350 G
225 g Cashewnusskerne
100 ml Bier
1 Knoblauchzehe
1 EL milder Senf
1 EL Sonnenblumenöl
1 TL gemahlene Kurkuma
Salz

Die Cashewkerne 4–5 Stunden im Bier einweichen.

Den Knoblauch grob hacken und mit den anderen Zutaten zu den Bier-Cashews geben. Alles mit dem Pürierstab zerkleinern, bis eine homogene Masse entsteht. Vor dem Servieren sollte die Bieronaise für etwa 1 Stunde kühl gestellt werden.

Passt bestens zu vegetarischen und veganen Spießen und Burgern.

Knoblaise

350 g Mayonnaise
3 EL mittelscharfer Senf
100 ml helles Vollbier
4–5 Knoblauchzehen
1 EL grüne Pfefferkörner
1 Stängel Estragon
Salz

Mayonnaise, Senf und Bier verrühren. Den Knoblauch fein hacken, die Pfefferkörner grob zerstoßen. Die Estragonblättchen vom Stängel streifen und klein schneiden. Alles in die Mayonnaise-Bier-Sauce einrühren und mit Salz abschmecken. Im Kühlschrank 1–2 Stunden ziehen lassen.

Passt besonders gut zu Fleisch aller Art.

Biersenf

Hier sind der Fantasie kaum Grenzen gesetzt. Auch frische Kräuter, z. B. Estragon, Dill oder Kapuzinerkresse, bieten sich als Beimischung an. Das Grundrezept ist jedenfalls denkbar einfach, die Gesamtmenge wird nach Bedarf gewählt.

⅔ Senf
⅓ Bier

Beides gut miteinander verrühren.

Portercreme

Porter ist ein dunkles malzbetontes Bier, das gleichzeitig stark gehopft ist.

5 Schalotten
3 EL Olivenöl
1 EL Tomatenmark
250 ml Porter
1 Zweig Rosmarin
250 g Crème fraîche
Salz und schwarzer Pfeffer aus der Mühle
50 g sehr kalte Butter (bei Bedarf)

Die Schalotten schälen und fein würfeln. Das Olivenöl erhitzen und die Schalotten darin glasig braten, dann das Tomatenmark zugeben. Mit Bier ablöschen und die Flüssigkeit um etwa ein Drittel reduzieren lassen. Inzwischen den Rosmarin waschen und trocken schütteln, dann die Nadeln abzupfen, fein schneiden und in die Sauce geben. Crème fraîche hineinrühren und mit Salz und Pfeffer abschmecken. 10–15 Minuten köcheln lassen. Sollte die Sauce zu dünnflüssig sein, kleine eisgekühlte Butterstückchen unterrühren.

Passt hervorragend zu Steaks.

Senf-Salbei-Schwarzbier-Marinade

AUSREICHEND FÜR CA. 1 KG GRILLGUT

2–3 EL scharfer Senf
1–2 EL edelsüßes Paprikapulver
2 TL grobes Meersalz
ca. 10 frische Salbeiblätter
400 ml Schwarzbier

Senf, Paprikapulver und Salz gut miteinander verrühren. Beliebiges Grillgut, z.B. Steaks, Koteletts, Lende oder Tofupattys, damit rundum einstreichen und in eine Schüssel oder Schale legen. Etwa 1–2 Stunden im Kühlschrank ziehen lassen. Das Bier ebenfalls kühl stellen.

Den Salbei waschen, trocken tupfen und dazugeben. Mit Bier aufgießen und das Ganze zugedeckt über Nacht in den Kühlschrank stellen. Sollte das Grillgut nicht vollständig von der Marinade bedeckt sein, mehrmals wenden.

Märzen-Karotten-Marinade

AUSREICHEND FÜR CA. 1 KG GRILLGUT

2–3 große Karotten
1 Bund Koriandergrün
350 ml Märzen
1 EL Sesamöl
2 EL Sojasauce

Die Karotten putzen, schälen und in grobe Scheiben schneiden, das Koriandergrün waschen, trocken schütteln und grob zerpflücken. Karotten und Koriander in einer Schale mit Bier, Öl und Sojasauce vermischen. Beliebiges Grillgut, z.B. Geflügel, Tofu, oder Schweinefleisch, hineinlegen und für mehrere Stunden in den Kühlschrank stellen.

Eignet sich hervorragend für Geflügel und Tofu, aber auch für Schweinefleisch mit asiatischer Note.

Hauptsache Knoblauch

1 Knoblauchknolle
1 Zweig Rosmarin
2 EL Olivenöl
1 EL Tomatenmark
1 TL Salz
350 ml dunkler Doppelbock

Die Knoblauchzehen aus der Knolle lösen, dann schälen, klein schneiden und im Mörser oder mit dem Messer zerdrücken. Den Rosmarin waschen und trocken tupfen, die Nadeln abzupfen und klein hacken.

Das Öl erhitzen und das Tomatenmark 10–15 Minuten darin anschwitzen, dann Knoblauch, Rosmarin und Salz zugeben. Mit Bier aufgießen, gut durchrühren und kurz aufkochen, dann ausschalten und auf dem Herd etwas abkühlen lassen. Die lauwarme Marinade über das Grillgut geben und alles zugedeckt in den Kühlschrank stellen.

Passt zu Steaks von Rind und Schwein – oder zu allem, wenn man Knoblauch liebt.

Hopfenstopfer

Hopfenstopfen ist die zusätzliche Hopfengabe im Lagertank beim Brauen. Hier werden im abgekühlten Bier kaum Bitterstoffe aus dem Hopfen gelöst, wohl aber die vielfältigen Hopfenaromen.
Für diese Marinade müssen wir keine Hopfendolden oder -pellets zusätzlich einbringen, wir verwenden aber ein hopfengestopftes Bier, wie z. B. ein India Pale Ale (IPA) mit starken Zitrusaromen. Dazu noch etwas Schärfe und Süße – fertig.

AUSREICHEND FÜR CA. 1 KG GRILLGUT

2 TL Cayennepfeffer, alternativ 2 fein gehackte Chilischoten
2–3 TL brauner Rohrzucker
1 EL kalt gepresstes helles Sesamöl
300 ml IPA

Cayennepfeffer, Zucker und Öl mit dem Bier vermischen. Das Grillgut, z.B. Fisch, Gemüse, Tofu (oder andere Sojaprodukte) oder helles Fleisch, einlegen.

WOHL BEKOMM'S – BIER IST GESUND

Bier, maßvoll und nicht unbedingt aus Maßkrügen genossen, schützt vor Herzinfarkt, senkt den Cholesterinspiegel und hilft, Insulin besser zu verwerten. Das behaupten nicht wir, sondern zahlreiche wissenschaftliche Studien – die durchaus nicht alle von Brauerei-Verbänden gesponsert sind. Medizinische Wunder kann man vom Gerstensaft natürlich nicht erwarten, wohl aber ein ganzes Fass wohltätiger Inhaltsstoffe. Bier enthält über 30 Mineralien und Spurenelemente. Ein Liter Bier deckt fast die Hälfte des Tagesbedarfs eines Erwachsenen an Magnesium und etwa 20 % des Kaliumbedarfs. Eisen, Kupfer, Phosphor und Zink mischen ebenfalls mit. Nicht zu vergessen Silizium, das für gesunde Knochen wichtig ist. Dazu gesellen sich Vitamine, vor allem die aus der B-Familie: B6, B2, B1 und B9, auch als Folsäure bekannt, sind dabei, außerdem Pantothensäure und Niacin. Die beiden letztgenannten Inhaltsstoffe regen den Hautstoffwechsel an. Das soll auch funktionieren, wenn man das Bier trinkt, man muss es sich nicht ins Gesicht schmieren. Ein weiteres Gesundheitsplus bringt der Hopfen mit. Der Münchner Brau-Professor Anton Piendl hat das genau untersucht. *Humulus lupulus*, wie der Hopfen botanisch heißt, wirkt demnach antikanzerogen, antimikrobiell, antithrombotisch und antioxidativ, er hemmt Entzündungen, beugt Osteoporose und Arteriosklerose vor. Ernährungsphysiologisch gesehen ist Bier also ein richtiges Kraftpaket, viel besser als Vitaminpillen aus dem Drogeriemarktregal. Das gilt übrigens auch für die alkoholfreie Variante. Darüber hinaus darf deutsches Bier wegen des Reinheitsgebotes keine chemischen Zusätze oder Konservierungsmittel enthalten – und das ist eine Eigenschaft, die bei einer Kochzutat allen Gesundheitsbewussten wohl bekommt. Fehlt nur noch die Frage nach den Kalorien. Auch bei der macht die Antwort Spaß, denn Bier schneidet hier blendend ab. In einem 0,25-l-Glas Pils stecken knapp über 100 kcal, in einem ebenso großen Glas Vollmilch fast 180 kcal, die gleiche Menge Traubensaft enthält etwa 150 und Rotwein fast 200 kcal. Na dann Prost!

Indische Tandoori-Marinade

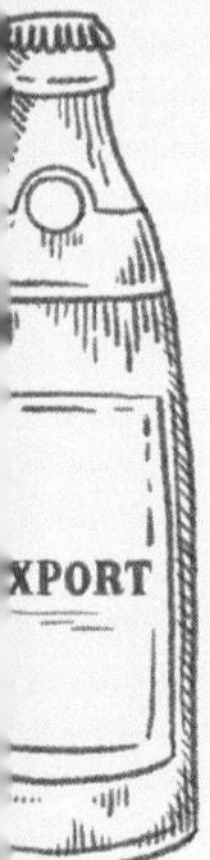

Unser einstiges indisches Stamm-Restaurant in Erlangen servierte wahlweise in den Schärfestufen germanisch, indogermanisch, indisch und superindisch, abgestuft mit + und –. Unsere Variante ergibt, je nach Sorte der verwendeten Chilis, eine Schärfe zwischen indogermanisch– (gut scharf) und indisch+ (absolut schweißtreibend).
Vom Namen und vom Geschmack her würde ein India Pale Ale passen, das einst für den Export nach Asien mit extra viel Hopfen haltbar gemacht wurde. Wir nehmen allerdings ein deutsches Export, da die indischen Gewürze zu stark mit den Hopfenaromen konkurrieren würden.

1 walnussgroßes Stück frischer Ingwer
2 Chilischoten
1 TL gemahlener Kreuzkümmel
2 TL gemahlene Kurkuma
200 g Naturjoghurt
200 ml Export

Den Ingwer schälen und sehr fein hacken oder raspeln. Die Chilis waschen, trocken tupfen, klein schneiden und mitsamt der Kerne im Mörser zerstoßen. Alles mit den Gewürzen, Joghurt und Bier verrühren. Das Grillgut einlegen.

Passt am besten zu Lamm und allen Arten von Geflügel sowie Gemüse.

Zwickel-Zwiebel-Marinade

Das unfiltrierte Zwickelbier ist in Franken meist als Kellerbier bekannt. Wir mögen aber nun mal Alliterationen …

AUSREICHEND FÜR CA. 1 KG GRILLGUT

3–4 mittelgroße Zwiebeln
10 Wacholderbeeren
10 schwarze Pfefferkörner
5 Lorbeerblätter
5 Gewürznelken
1–2 TL Salz
400 ml Zwickelbier (Kellerbier)

Die Zwiebeln vierteln, die Wacholderbeeren leicht andrücken. Zusammen mit Pfefferkörnern, Lorbeerblättern, Nelken und Salz in eine Schüssel geben, das Bier aufgießen und das Grillgut – am besten passen hierzu Wildfleisch und Rind – einlegen.

SALATE

Eichblattsalat mit Kerbel-Kristallweizen-Dressing

Das Kristallweizen verleiht dem Dressing eine fruchtige Note.

FÜR 4 PERSONEN
1 Eichblattsalat
1 EL Walnussöl
1 EL Sahne
25 ml Kristallweizen
1 TL scharfer Senf
4 Stängel Kerbel
Salz und schwarzer Pfeffer aus der Mühle

Den Salat waschen, trocken schleudern und zerpflücken.

Walnussöl, Sahne, Kristallweizen und Senf in eine Tasse geben und verrühren.

Den Kerbel frisch schneiden und dazugeben. Mit Salz und Pfeffer abschmecken und über den Salat gießen.

Brauersalat

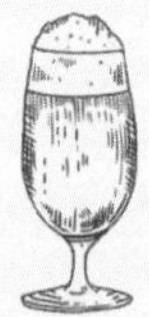

Dieser Salat kam auch bei Freunden an, die sich für Grünzeug sonst nicht so begeistern konnten.

FÜR 4 PERSONEN
1 Romanasalatherz
100 g saure Sahne
½ EL Kürbiskernöl
2 EL Pils
2 Knoblauchzehen
¼ Bund Schnittlauch
1 Prise gemahlener Kümmel
Salz und schwarzer Pfeffer aus der Mühle
4 Scheiben Weißbrot
40 g Butter

Den Salat waschen und zerteilen.

Sahne, Kürbiskernöl und Bier in einer Schüssel vermischen. 1 Knoblauchzehe hineindrücken. Den Schnittlauch frisch schneiden und untermischen. Mit Kümmel, Salz und Pfeffer abschmecken.

Das Weißbrot würfeln und in der Butter knusprig rösten. Die zweite Knoblauchzehe auspressen und kurz mitbraten.

Den Salat mit dem Dressing vermischen und die Brotwürfel darüberstreuen.

Krautsalat mit Weizenbier-Pimpinelle-Dressing

Pimpinelle wächst in unserem Gemüsegarten wie Unkraut. Im Kohlsalat macht sie sich aber nützlich, weil sie mit ihrem nussigen Geschmack das Krautaroma verfeinert.

FÜR 4 PERSONEN
400 g Weißkohl
2 EL Haselnussöl
1 EL Sahne
50 ml Weizenbier
6 Stängel Pimpinelle
Salz und schwarzer Pfeffer aus der Mühle
Zucker

Den Weißkohl putzen und raspeln. Öl, Sahne und Bier in einer Tasse verquirlen.

Die Pimpinelle mit dem Pürierstab zerkleinern und zugeben. Mit Salz, Pfeffer und Zucker abschmecken und zum Weißkohl geben.

Schmeckt prima zu Bratwürsten.

Feldsalat mit Braunbier-Dressing

Noch so ein Experiment, das wir für die älteste Dicker-Schwester, die Essig hasst, ausgetüftelt haben. Es hat nicht nur ihr geschmeckt.

FÜR 4 PERSONEN
200 g Feldsalat
50 g Walnusskerne
2 EL Braunbier
1 EL Kürbiskernöl
1 EL Sonnenblumenöl
1 TL scharfer Senf
Salz und schwarzer Pfeffer aus der Mühle

Den Feldsalat waschen, verlesen und sehr gut trocken schleudern. Die Walnusskerne hacken.

Braunbier, Kürbiskern- und Sonnenblumenöl mit Senf, Salz und Pfeffer gut verrühren. Mit dem Feldsalat vermischen.

TIPP

Das nächste Gurkenglas nicht wegschmeißen, wenn es leer ist. Ausgespült kann man es als Shaker für Salatdressing verwenden: Zutaten rein, Deckel drauf, zuschrauben, schütteln und fertig.

Biermelonensalat

»Die arme Wassermelone«, dachten wir, als uns Bill Anderson aus Philadelphia von diesem Rezept erzählte. Falsch gedacht. Gegrillte Melone schmeckt gut und bringt ihre eigene Salatschüssel mit. Bill hatte übrigens nichts gegen Bier als neue Zutat.

FÜR 4 PERSONEN

1 kernlose Miniwassermelone (ca. 1 kg)
½ TL Öl zum Bepinseln
1 TL dunkles Bier zum Bepinseln
400 g frischer Baby-Blattspinat
80 g Feta
1 TL natives Olivenöl extra
2 TL dunkles Bier
Salz und schwarzer Pfeffer aus der Mühle
40 g Pinienkerne

Die Wassermelone halbieren. Die eine Hälfte in rund 1 cm dicke Scheiben schneiden. Öl und Bier vermischen und die Scheiben damit bepinseln, auf einen Teller legen und in den Kühlschrank stellen. Die andere Melonenhälfte aushöhlen (sie wird die Salatschüssel) und ebenfalls kühl stellen.

Den Spinat waschen und trocken schleudern. Den Feta zerkrümeln.

Kurz vor dem Anrichten den Spinat in die Schalenschüssel geben. Die Melonenscheiben von jeder Seite etwa 2 Minuten grillen. Sie sollen warm werden, aber immer noch Biss haben. Vom Grill nehmen, die Schalen ab- und das Fruchtfleisch in 5 cm große Stücke schneiden.

Die gegrillte Melone zum Spinat geben. Olivenöl, Bier, Salz und Pfeffer separat so lange verrühren, bis alles gut vermischt ist, dann unterheben. Zum Schluss den Feta und die Pinienkerne darüberstreuen.

Avocadosalat

Die grünen Gesundheitsbomben schmecken auch warm vom Grill. Das Pils gibt ihnen eine herbe Würze.

FÜR 4 PERSONEN

2 Avocados (nicht zu reif)
etwas Öl zum Bepinseln
2 EL Pinienkerne
12 Kirschtomaten
½ Bund glatte Petersilie
½ Bund Schnittlauch
4 Stängel Basilikum
4 EL Olivenöl
2 EL Pils
Salz und schwarzer Pfeffer aus der Mühle

Die Avocados schälen und halbieren, den Kern entfernen. Die Hälften jeweils mit etwas Öl bepinseln. Die Pinienkerne in einer Pfanne ohne Fett rösten. Die Kirschtomaten waschen und halbieren.

Die Kräuter waschen, trocken schleudern, fein hacken und mit Öl, Pils, etwas Salz und Pfeffer vermischen.

Die Avocadohälften mit der Schnittfläche nach unten auf den Grill legen, bis sie leicht gebräunt sind (dauert je nach Temperatur 5–8 Minuten). Die Avocados auf vier Tellern anrichten, Tomaten und Pinienkerne darüber verteilen und alles mit dem Kräuterdressing übergießen.

Karottenrohkost mit Estragon-Bier-Pesto

Ist frisch und gesund, und das Raspeln wird mit maschineller Hilfe à la Moulinette zum Kinderspiel.

FÜR 4 PERSONEN

400 g Karotten
50 g Haselnusskerne
4 Stängel Estragon
1 EL Walnussöl
50 ml Export oder Lager
½ TL flüssiger Honig
Salz

Die Karotten schälen und raspeln. Die Haselnusskerne in einer Pfanne ohne Öl anrösten. Auf ein sauberes Geschirrtuch geben, einschlagen und das Tuch gegen die Nüsse reiben. Das löst die leicht bitteren Außenhäute.

Die Estragonblätter frisch abzupfen, dann mit Nüssen, Öl und Bier in ein hohes Rührgefäß geben und mit dem Pürierstab zerkleinern. Den Honig zufügen und alles gut vermischen. Mit Salz abschmecken und unter die Karotten heben.

Bier-Raita mit Gemüse

Was macht man, wenn man einen indisch inspirierten Gemüsesalat zubereiten will und nicht genügend Raita, also Joghurt, im Haus hat? Genau. Mittlerweile ist die Notlösung mit Bier zum festen Bestandteil all unserer Indien-Menüs geworden.

FÜR 4 PERSONEN

200 g Joghurt
100 ml helles Bier
½ TL gemahlener Kreuzkümmel
½ TL Salz
schwarzer Pfeffer aus der Mühle
½ Salatgurke
1 Zwiebel
2 Tomaten
2 gekochte Kartoffeln
6 Stängel Koriandergrün

Den Joghurt mit Bier und Kreuzkümmel vermischen und mit Salz und Pfeffer abschmecken.

Die Salatgurke waschen und in kleine Würfel schneiden. Die Zwiebel hacken. Die Tomaten waschen und klein schneiden. Die gekochten Kartoffeln schälen und fein schneiden.

Alles mit der Joghurt-Bier-Sauce vermischen und mindestens 1 Stunde durchziehen lassen. Vor dem Servieren den Koriander frisch schneiden und die Gemüse-Raita damit dekorieren.

TIPP

Koriander lässt sich ganz einfach im Topf oder Beet aus Saatgut ziehen.

Indischer Tomatensalat

Statt mit Zitrone wird hier mit Kristallweizen abgeschmeckt.

FÜR 4 PERSONEN
4 Tomaten
½ grüne Chilischote
3 Stängel Koriandergrün
1 EL Kristallweizen
½ TL Zucker
Salz
100 g gesalzene Erdnusskerne

Die Tomaten waschen und in kleine Würfel schneiden. Die Chilischote waschen, putzen und hacken. Den Koriander waschen, trocken schütteln und frisch schneiden. Alles in eine Schüssel geben, mit Kristallweizen, Zucker und Salz würzen und für 1 Stunde in den Kühlschrank stellen.

Die Erdnüsse grob hacken und kurz vor dem Servieren untermischen.

TIPP

Das restliche Bier einfach zu den übrig gebliebenen Erdnüssen als Fernseh-Snack trinken.

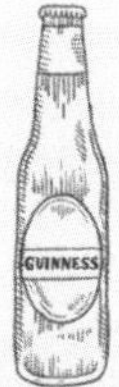

Romanasalat mit Altbieraigrette

Süßer Senf und herbes Bier? Unserer Meinung nach eine gute Partnerschaft.

FÜR 4 PERSONEN
2 Romanasalatherzen
20 g Pinienkerne
1 TL süßer Senf
2 EL Altbier
2 EL Walnussöl
2 EL Traubenkernöl
Salz und schwarzer Pfeffer aus der Mühle

Den Salat waschen, trocken schleudern und zerteilen. Die Pinienkerne in einer Pfanne ohne Fett rösten.

Die Hälfte der Pinienkerne fein hacken. Senf, Altbier und die beiden Ölsorten gut vermischen, die gehackten Pinienkerne unterrühren. Mit Salz und Pfeffer abschmecken.

Das Dressing über den Salat geben und die restlichen Pinienkerne darüberstreuen.

Romana Blau

Blauschimmelkäse und ein Schuss Bier – so wird der Salat blau. Grillen lässt sich jeder Salat, der etwas dickere Blätter und einen festen Kopf hat. Romanasalat eignet sich besonders gut.

FÜR 4 PERSONEN
4 Romanasalatherzen
2 EL natives Olivenöl extra
3 EL dunkles Bier
1 EL Worcestersauce
Salz und schwarzer Pfeffer aus der Mühle
150 g Roquefort oder Gorgonzola
100 g Walnusskerne

Die Salatköpfe längs halbieren, die Strünke nicht herauslösen – so fallen die Köpfe beim Grillen nicht auseinander. Dann waschen und mit Küchenpapier trocken tupfen.

Öl, Bier und Worcestersauce gut verrühren und das Dressing mit Salz und Pfeffer abschmecken. Den Roquefort grob zerkrümeln, die Walnüsse grob hacken.

Die Salathälften mit der Schnittfläche nach unten ca. 4 Minuten auf den heißen Grill legen. Dann je zwei Hälften mit der Schnittfläche nach oben auf Tellern anrichten, mit dem Dressing beträufeln und Käse und Walnüsse darüber verteilen.

Partysalat

Ohne den guten alten Nudelsalat würde was fehlen.

FÜR 4 PERSONEN
½ Kopf Eisbergsalat
½ Salatgurke
150 g Kirschtomaten
½ Bund Schnittlauch
100 g Joghurt
2 EL Mayonnaise
2 EL Sahnemeerrettich
50 ml Kristallweizen
Salz und schwarzer Pfeffer aus der Mühle
200 g Spiralnudeln

Den Salat waschen, gut trocken schleudern und in schmale Streifen schneiden. Die Gurke waschen, längs vierteln und die Kerne entfernen. Die Gurkenviertel in etwa 1 cm dicke Scheiben schneiden. Die Tomaten waschen und halbieren. Den Schnittlauch waschen, trocken schütteln und fein schneiden. Den Joghurt mit Mayonnaise und Meerrettich verrühren. Das Bier zugießen. Den Schnittlauch hineinrühren und alles mit Salz und Pfeffer abschmecken.

In einem großen Topf Salzwasser zum Kochen bringen und die Nudeln darin nach Packungsangabe garen. Abgießen und gut abtropfen lassen.

Die Nudeln mit dem Dressing, der Gurke, den Tomaten und dem Salat vermischen.

Chic-Chic-Chicorée

Unser Lieblingswintersalat ist fürs Grillen prädestiniert, weil er festfleischig ist und durch das Erhitzen ein bisschen was von seiner Bitterkeit verliert. Funktioniert übrigens auch im Sommer.

FÜR 4 PERSONEN
4 Chicorée
200 g kernlose blaue Trauben
100 g Kürbiskerne
100 g Feta
100 g griechischer Joghurt
4 EL Bier
4 EL Olivenöl
Salz und schwarzer Pfeffer aus der Mühle

Den Chicorée im Ganzen waschen, trocken tupfen und der Länge nach halbieren. Den Strunk vorsichtig herausschneiden, dabei darauf achten, dass die Blätter noch zusammenhalten. Die Trauben von den Stielen zupfen, gründlich waschen, trocken tupfen und halbieren. Die Kürbiskerne in einer Schale auf dem Grill ca. 5 Minuten rösten. Anschließend die Kerne herausnehmen und abkühlen lassen.

In der Zwischenzeit den Feta zerkrümeln und in einer Tasse mit Joghurt, Bier und 2 EL Öl verrühren. Dabei größere Fetakrümel mit einer Gabel zerdrücken. Das Feta-Dressing mit Salz und Pfeffer abschmecken.

Die Schnittfläche der Chicorée-Hälften mit dem restlichen Öl bestreichen und mit der Schnittfläche nach unten ca. 2 Minuten grillen. Anschließend herunternehmen und auf eine Platte legen. Das Dressing darübergießen und den Chicorée mit Weintrauben und Kürbiskernen bestreuen.

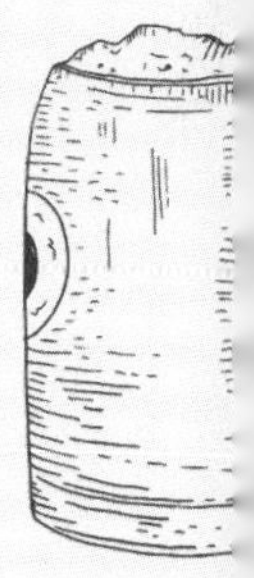

Bratwurstsalat mit Biernen

Es soll ja tatsächlich vorkommen, dass man mehr Bratwürste gekauft hat, als die Gäste konsumieren. Besser, als sie zurück in den Kühlschrank zu legen oder einzufrieren, ist es, sie trotzdem gleich zu grillen. Denn daraus lässt sich auch tags darauf ein feiner Bratwurstsalat zubereiten. Bratwürste gibt es in den unterschiedlichsten Größen – von den fingerlangen und -dicken Nürnbergern bis zur unterfränkischen Meterware und den 3 cm dicken Thüringer Röstern. Für das Rezept gehen wir von mittelgroßen, 15–20 cm langen und 1 ½ cm dicken Würsten aus.

FÜR 4 PERSONEN

5 gegrillte Bratwürste
2–3 feste Birnen
1 Bund Radieschen
2 EL Sonnenblumenöl
3 EL helles Bier
Salz und schwarzer Pfeffer aus der Mühle

Die Bratwürste in etwa 1 cm dicke Scheiben schneiden. Die Birnen waschen, vierteln, putzen und ebenfalls in 1 cm große Stücke schneiden. Die Radieschen waschen, putzen und in dünne Scheiben schneiden. Alles in eine Schüssel geben.

Öl, Bier, Salz und Pfeffer verrühren, gut mit dem Salat vermengen und etwa 30 Minuten im Kühlschrank ziehen lassen.

Am besten passen dazu Brezeln.

AB-Salat

Das »A« steht für Artischocken, das »B« für Bohnen, wir fügen noch ein »L« für lecker hinzu.

FÜR 4 PERSONEN

300 g grüne Bohnen
150 g Artischocken-Böden (aus dem Glas)
2 Schalotten
30 ml Bockbier
10 ml Balsamicoessig
40 ml Traubenkernöl
1 EL mittelscharfer Senf
Zucker
Salz und schwarzer Pfeffer aus der Mühle

Die Bohnen waschen, putzen und kochen. Aus dem Kochwasser nehmen und abtropfen lassen. Die Artischocken-Böden abtropfen lassen und in Stücke schneiden. Die Schalotten fein würfeln. Alles mit den Bohnen in eine Schüssel geben.

Das Bockbier mit Essig, Öl und Senf verrühren. Mit Zucker, Salz und Pfeffer abschmecken und noch einmal verrühren. Das Dressing über den Salat geben und kurz ziehen lassen.

SUPPEN & EINTÖPFE

Achtung! Bei allen Suppen, Eintöpfen und Saucen, bei denen Bier aufgekocht wird, ist anfangs mit starker Schaumbildung zu rechnen. Also immer einen Schaumlöffel zum Abschöpfen bereithalten.

Klassische fränkische Biersuppe

Diese einfache und schnelle Biersuppe sättigt, schmeckt und ist nebenbei noch äußerst günstig.

FÜR 4 PERSONEN

500 ml Milch
500 ml Bier
30 g Butter
30 g Weizenmehl
2 Gewürznelken
½ Zimtstange
½ Knoblauchzehe
Zucker
Salz

Milch und Bier getrennt erwärmen. Butter in einem Topf zerlassen, dann Mehl mit dem Schneebesen unterrühren, bis die Masse leicht gebräunt ist. Die warme Milch zugießen und aufkochen lassen. Nelken, Zimt und Knoblauch dazugeben, zum Schluss das warme Bier. Mit Zucker und Salz abschmecken.

Dazu passen geröstete Weißbrotwürfel.

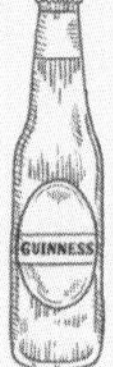

Rheinische Biersuppe

Wirkt mit Rosinen und Zimt auf den ersten Blick exotisch, ist aber ganz bodenständig.

FÜR 4 PERSONEN

700 ml Altbier
2 EL Rosinen
¼ Zimtstange
Zucker
Salz und schwarzer Pfeffer aus der Mühle
frisch geriebene Muskatnuss
2 Bio-Eigelb
200 g Sahne
2 Scheiben Brot
1 EL Butter
3 Stängel frische Petersilie

Bier, Rosinen, Zimt und Zucker in einem Topf aufkochen lassen. Mit Salz, Pfeffer und Muskat würzen. Dann die Hitze stark reduzieren. Eigelbe und Sahne verquirlen und in die Suppe rühren. Das Brot würfeln. Die Butter in einer Pfanne zerlassen und das Brot darin anrösten.

Die Suppe in Teller geben – die Zimtstange vorher entfernen –, die Brotwürfel darauf verteilen und etwas Petersilie darübergeben.

Doppel-Bock-Suppe

Geht auch in der Null-Bock-Variante, das heißt mit hellem Vollbier und ohne Wurst.

FÜR 4 PERSONEN

2 Stangen Porree
2–3 Karotten
Olivenöl (oder einfach Instant-Gemüsebrühe)
250 ml helles Bockbier
400 g Kartoffeln
Salz und schwarzer Pfeffer aus der Mühle
2 Bockwürste
Petersilie

Schnell und einfach:

In einem Topf 1 l Wasser zum Kochen bringen, dabei die Gemüsebrühe einrühren. Die Kartoffeln schälen, in Würfel schneiden und in die Brühe geben. Bier dazu und alles 15–20 Minuten kochen lassen. Die Würste in Scheiben schneiden und ab in die Suppe. Herd herunterdrehen und alles noch 5–10 Minuten ziehen lassen.

Etwas aufwendig, aber besser:

Porree und Karotten waschen, putzen und in etwa 1 cm dicke Ringe bzw. Scheiben schneiden. Beides im Suppentopf in etwas Olivenöl anbraten. Mit dem Bier ablöschen. Die Kartoffeln schälen, in Würfel schneiden und ab in den Topf. Mit Salz und Pfeffer würzen, dann 1 l Wasser aufgießen. Etwa 30 Minuten kochen. Wer mag, kann auch noch etwas Gemüse oder Rinderbrühe dazugeben, ist aber durch das Öl vom Anbraten nicht nötig.

Die Bockwürste in Scheiben schneiden und in die Suppe geben. Noch mal etwa 15–20 Minuten bei schwacher Hitze köcheln lassen. Frisch geschnittene Petersilie drüber und fertig.

Nudelsuppe

Hühnersuppe soll bei Erkältungen Wunder wirken. Wir mögen sie an allen kalten Tagen, auch unerkältet.

FÜR 4 PERSONEN

1 küchenfertiges Hühnchen
1 l helles Bier
Salz und schwarzer Pfeffer aus der Mühle
1 Bund Suppengrün
1 Zwiebel
1–2 Blätter Liebstöckel
150–200 g Suppennudeln
2–3 Stängel krause Petersilie

Das Hühnchen innen und außen gut waschen und in einen Topf legen. Bier dazu und mit Wasser aufgießen, bis das Huhn gut bedeckt ist. Salzen und pfeffern. Etwa 1 Stunde kochen, den grauen Schaum immer wieder mit einem Schaumlöffel entfernen.

Das Suppengrün putzen und in grobe Stücke schneiden. Die Zwiebel halbieren. Die Liebstöckelblätter frisch schneiden. Nach der ersten Stunde Kochzeit alles zusammen zur Hühnerbrühe geben und nochmals 1–1 ½ Stunden kochen.

Das Huhn aus der Brühe nehmen, das Fleisch mit einer Gabel in kleinen Stücken von den Knochen lösen und von der Haut befreien. Das Suppengemüse und die Zwiebel aus der Brühe fischen. Das Fleisch zurück in die Suppe geben und zusammen mit den Nudeln bis zu deren Garzeit weiterkochen. Die Petersilie frisch schneiden und über die Suppe streuen.

TIPP

Liebstöckel wird auch Maggikraut genannt. Wer mal reinbeißt oder auch nur dran riecht, weiß warum. Also, vorsichtig dosieren!

Schwäbische Flädlesuppe (Pfannkuchensuppe)

Für die Suppe dürfen die Pfannkuchen gerne auch schon einen Tag alt sein – schließlich ist das eine schwäbisch sparsame Resteverwertung.

FÜR 4 PERSONEN

FÜR DIE PFANNKUCHEN

150 g Weizenmehl
150 ml Milch
150 ml Bier (Hell, Lager oder Export)
2 Bio-Eier (Größe M)
Salz
Butter zum Braten

FÜR DIE SUPPE

150 g Karotten
100 g Knollensellerie
1 kleine Stange Lauch
2 EL Olivenöl
Salz
100–200 ml Pils (nach Belieben)
1 EL frisch geschnittener Kerbel
1 EL frisch geschnittener Estragon
1 kleines Bund Schnittlauch

Für die Pfannkuchen Mehl, Milch, Bier und Eier mit 1 Prise Salz zu einem flüssigen, klumpenfreien Teig verrühren. 1 Stunde stehen lassen.

Ein Stück Butter in der Pfanne erhitzen. Eine Schöpfkelle Teig in die Pfanne geben und zerlaufen lassen, bis der ganze Boden dünn bedeckt ist. Den Pfannkuchen erst wenden, wenn die Unterseite nach 3–5 Minuten fest und goldbraun ist. Bei Bedarf noch etwas Butter in die Pfanne geben. So weiterverfahren, bis der gesamte Teig aufgebraucht ist.

Für die Suppe Karotten, Sellerie und Lauch gut putzen, bei Bedarf waschen und sehr fein schneiden. Im Suppentopf in Olivenöl dünsten, salzen und mit 1 ½ l Wasser aufgießen. Wer mag, kann davon auch 100–200 ml in Form von Pils zugeben. 1 Stunde kochen, dann Kerbel und Estragon hinein und die Suppe leicht abkühlen lassen.

Die Pfannkuchen in dünne, etwa 3–4 cm lange Streifen (Flädle) schneiden und auf Suppenteller verteilen. Den Schnittlauch frisch schneiden, die Flädle mit der Suppe übergießen, den Schnittlauch darüberstreuen – und fertig.

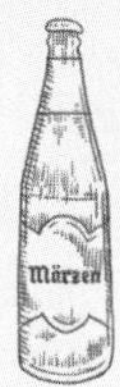

Zwiebelsuppe

Zu diesem Süppchen schmeckt auch ein Wein, ist aber kein Muss.

FÜR 4 PERSONEN

500 g Zwiebeln
Olivenöl zum Braten
1 EL Tomatenmark
500 ml Bier (Braunbier oder Märzen)
500 ml Fleischbrühe
1 Prise Majoran
1 TL Kümmelsamen
Salz und schwarzer Pfeffer aus der Mühle (nach Bedarf)
4 Scheiben Baguette
100 g geriebener Emmentaler

Die Zwiebeln in Ringe schneiden und in Öl anrösten. Das Tomatenmark mit anschwitzen. Mit Bier ablöschen, kurz aufkochen, Fleischbrühe dazu, erneut zum Kochen bringen. Majoran und Kümmel zugeben und 15 Minuten köcheln lassen. Bei Bedarf mit Salz und Pfeffer abschmecken.

Den Backofen auf 200 °C vorheizen. Die Suppe in feuerfeste Schalen oder Tassen füllen, die Weißbrotscheiben drauflegen, mit dem Käse bestreuen und überbacken, bis der Käse goldbraun ist. Auf Esstemperatur abkühlen lassen und dann erst servieren.

Kürbis-Bier-Süppchen

Seltsamerweise sind viele Männer nicht besonders glücklich, wenn sie hören, dass es Kürbissuppe gibt. Dieses Rezept mit Bierbegleitung hat aber eigentlich noch jeden mit dem Herbstgemüse versöhnt.

FÜR 4 PERSONEN

2 Schalotten
2 EL Rapsöl zum Braten
400 g Kürbisfleisch
2 EL Essig
1 l Fleischbrühe
Salz und schwarzer Pfeffer aus der Mühle
½ TL Zucker
750 ml Bier (z. B. Alt oder bernsteinfarbenes Lager)
150 g Sahne

Die Schalotten fein hacken. Das Öl erhitzen und die Schalotten darin anschwitzen. Den Kürbis in Würfel schneiden und etwa 1 Minute mitrösten. Mit dem Essig ablöschen, die Brühe angießen und köcheln, bis der Kürbis weich ist. Das Ganze passieren, mit Salz, Pfeffer und Zucker abschmecken.

Das Bier dazugeben und nochmals erhitzen. Die Sahne schlagen und unterheben.

TIPP

Hokkaido-Kürbis kann mitsamt der Schale zubereitet werden, das spart viel Putzarbeit. Die Suppe funktioniert aber auch mit dem Klassiker, dem Gelben Zentner.

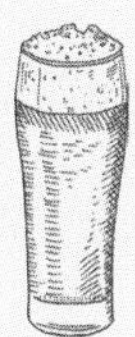

Erbsensuppe

Wer keine frischen Erbsen palen möchte, nimmt einfach Tiefkühlerbsen.

FÜR 4 PERSONEN

200 g Erbsen (ausgepalt)
2 Schalotten
50 g Butter
Salz und schwarzer Pfeffer aus der Mühle
Zucker
400 ml Gemüsebrühe
100 ml helles Bier
50 g Sahne
3–4 Stängel Kerbel

Die Erbsen waschen. Die Schalotten würfeln.

Ein Viertel der Butter in einem Topf zerlassen. Schalotten und Erbsen darin andünsten. Mit Salz, Pfeffer und Zucker würzen. Die Brühe und das Bier dazugeben. 5–10 Minuten bei niedriger Hitze garen.

Von der Platte nehmen und die Suppe mit einem Stabmixer pürieren. Die Sahne und den Rest der Butter hinzufügen, durchrühren und alles durch ein Sieb passieren.

Noch einmal aufkochen lassen, dann mit frisch geschnittenem Kerbel bestreuen und servieren.

Karotten-Kokos-Suppe mit Curry und Bier

Ein bisschen Asien im Suppentopf. Die Kokosmilch sorgt dafür, dass die Suppe schön cremig ist.

FÜR 4 PERSONEN

600 g Karotten
100 g Frühlingszwiebeln
1 EL Öl zum Braten
1 EL Currypulver
400 ml Bier
300 ml ungesüßte Kokosmilch
Salz und schwarzer Pfeffer aus der Mühle
4 Stängel Koriandergrün

Die Karotten schälen und in Scheiben schneiden. Die Frühlingszwiebeln waschen, putzen und in Stücke schneiden. Das Öl erhitzen, die Karottenwürfel darin anbraten, dann die Frühlingszwiebeln zugeben. Alles 3–4 Minuten anschwitzen, anschließend das Currypulver hinzufügen. Mit Bier und 400 ml Wasser aufgießen. Zugedeckt 25 Minuten köcheln lassen.

Danach fein pürieren und die Kokosmilch einrühren. Mit Salz und Pfeffer abschmecken und noch einmal 2 Minuten köcheln lassen.

Vor dem Servieren den Koriander grob zerpflücken und auf die Suppe streuen.

Gazpacho con Cerveza

An einem heißen Sommertag sinkt die Lust auf warmes Essen umgekehrt proportional zum Verlangen nach einem kühlen Getränk. Diese Gleichung entwickeln wir weiter und bilden die Summe aus kalter spanischer Suppe und gekühltem Bier. Das muss übrigens nicht von der Iberischen Halbinsel kommen.

FÜR 4 PERSONEN

800 g Tomaten
350 g Salatgurke
250 g rote Paprikaschote
200 g gelbe Paprikaschote
100 g grüne Paprikaschote
Salz
2 Zwiebeln
4 Scheiben Weißbrot
1 Knoblauchzehe
1 EL Weißweinessig
250 ml Bier
100 ml natives Olivenöl extra
schwarzer Pfeffer aus der Mühle

Die Tomaten waschen und würfeln. Die Gurke schälen, längs halbieren, entkernen und klein schneiden. Die Paprika waschen, putzen und fein würfeln. 1 Handvoll vom Gemüse für die Einlage beiseitestellen, den Rest in eine Schüssel füllen, leicht salzen und mehrere Stunden ziehen lassen.

Die Zwiebeln hacken. Das Weißbrot würfeln. Beides mit dem Knoblauch zum Gemüse hinzufügen und mit dem Stabmixer pürieren. Essig, Bier und Öl einrühren, bis eine cremige Suppe entsteht. Mit Pfeffer würzen und mindestens 2 Stunden in den Kühlschrank stellen.

Vor dem Servieren die restlichen Gemüsewürfel auf die Suppe geben.

Bouillabaisse

Bei der Bouillabaisse kann man sich mit Fischfilets (500 g) und fertigem Fischfond (400 ml) viel Arbeit sparen, aber diesmal machen wir es uns nicht ganz so einfach. Und natürlich verwenden wir Bier statt Weißwein – am besten ein herbes Pils von der Küste.

FÜR 4 PERSONEN

1 kg Seefisch (verschiedene Sorten, ausgenommen)
1 Zwiebel
Salz
1 Fenchelknolle
2 Stangen Staudensellerie
1–2 Karotten
1 Stange Lauch
1–2 Knoblauchzehen
Olivenöl zum Braten
1 große Tomate
1 Zweig frischer Thymian
1 Stängel frischer Oregano
300 ml herbes Pils
schwarzer Pfeffer aus der Mühle
Petersilie oder Dill

Die Fische schuppen und sorgsam filetieren. Köpfe, Gräten, Flossen und Schwänze mit einer halben Zwiebel in 500 ml leicht gesalzenem Wasser etwa 1 Stunde auskochen. Den Schaum am Anfang mit einem Schaumlöffel entfernen. Den Sud abseihen und bereitstellen.

Das Gemüse waschen und putzen. Fenchel, Staudensellerie und Karotten fein würfeln, Lauch in dünne Ringe schneiden, Knoblauch und die restliche halbe Zwiebel hacken. Alles zusammen in reichlich Olivenöl andünsten.

Die Tomate häuten und entkernen, das feste Fruchtfleisch würfeln und mit Thymian und Oregano zum Gemüse geben. Mit Fischsud und Bier übergießen. Etwa 20–25 Minuten köcheln lassen.

Die Fische in mundgerechte Stücke teilen und in die Suppe geben. Mit so viel Wasser aufgießen, dass es für vier Portionen reicht. Mit Salz und Pfeffer abschmecken. Nur kurz aufkochen und dann 10–15 Minuten ziehen lassen.

Kräuter entfernen und die Suppe auf Teller oder Schalen verteilen. Frisch geschnittene Petersilie darüberstreuen.

Dazu passt geröstetes Knoblauch-Weißbrot.

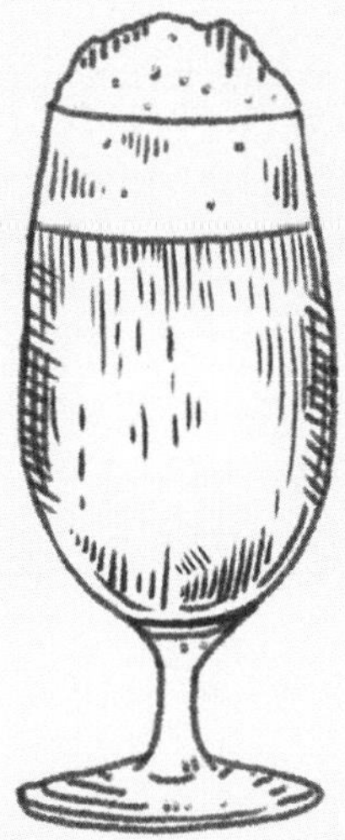

Bierhuhnsuppe

Die hat bei uns weniger mit der indonesischen Bihunsuppe zu tun, sondern ähnelt mehr der thailändischen Tom Ka Gai.

FÜR 4 PERSONEN

400 g Hähnchenbrustfilet
200 g kleine braune Champignons
1–2 daumengroße Stücke Galgantwurzel (ersatzweise Ingwer)
2–3 Frühlingszwiebeln
1–2 Stängel Zitronengras
4 Kaffirlimettenblätter
2 rote Chilischoten
400 ml Kokosmilch
200 ml helles Bier
1 EL Fischsauce (ersatzweise Salz)
frisch gepresster Saft von ½–1 unbehandelten Bio-Limette
Zucker (nach Bedarf)
4 Blätter frisches Thai-Basilikum
1 kleines Bund Koriandergrün

Das Hähnchenbrustfilet waschen, Sehnen und Fett entfernen und in kleine Würfel oder Streifen schneiden (max. 1–2 cm dick). Die Champignons putzen und in dicke Scheiben schneiden. Die Galgantwurzel schälen und in dünne Scheiben schneiden. Die Frühlingszwiebeln putzen und in feine Ringe schneiden. Das Zitronengras zerdrücken und in 4–5 cm lange Stücke zerteilen. Kaffirlimettenblätter und Chilis waschen, putzen und halbieren.

Die Kokosmilch im Topf zum Kochen bringen. Das Bier zugießen und wieder aufkochen. Fleisch, Galgantwurzel, Zitronengras und Kaffirlimettenbätter hineingeben und 3–4 Minuten kochen, dann Champignons und Chilis dazu. 10–15 Minuten bei kleiner Hitze köcheln lassen, danach die Frühlingzwiebeln hinzufügen. Mit Fischsauce, Limettensaft und bei Bedarf etwas Zucker abschmecken. Basilikumblätter dazugeben, das Ganze gut durchrühren und 2–3 Minuten ziehen lassen. Ganz zum Schluss frisch geschnittenen Koriander darüberstreuen.

TIPP

Zitronengras und Kaffirlimettenblätter werden nicht mitgegessen und darum nur in grobe Stücke zerteilt. Chilis sind Geschmackssache. Die Mengenangaben sind hier für eine Vorspeisenportion angegeben. Für ein Hauptgericht zu duftendem Thaireis einfach die Menge entsprechend erhöhen.

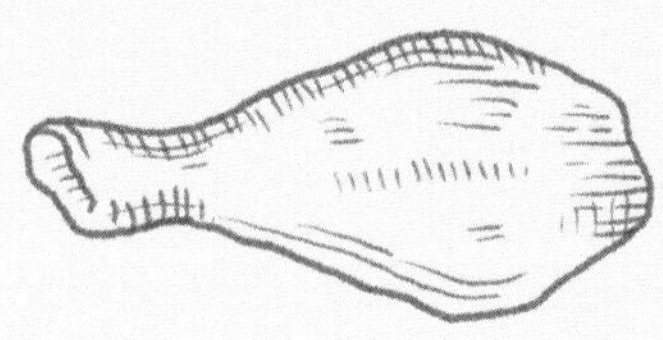

Biergulasch

Ein Klassiker der Bierküche. Am besten eignet sich hierfür dunkles Bier oder Bockbier mit einem vollen Malzkörper.

FÜR 4 PERSONEN

500 g Rindfleisch
500 g Schweinefleisch
3–4 große Zwiebeln
Öl zum Braten
Salz
2–3 EL scharfes Paprikapulver
600–800 ml dunkles Bier
½ Zweig frischer Thymian oder Majoran
50 g eiskalte Butter (bei Bedarf)

Das Fleisch in 3–4 cm große Würfel schneiden (oder besser: vom Metzger vorbereiten lassen). Zwiebeln fein würfeln und in einer Pfanne in etwas Öl glasig bis maximal goldbraun anbraten.

In einem Schmortopf etwas Öl bei hoher Temperatur erhitzen und die Fleischwürfel darin von allen Seiten bräunen. Das Fleisch salzen und möglichst gleichmäßig mit dem Paprikapulver bestäuben. Die gebratenen Zwiebeln zugeben und unterheben. Mit 250 ml Bier aufgießen und alles zum Kochen bringen.

Die Thymianblättchen von den Stängeln streifen, klein schneiden und in den Topf geben.

Die Flüssigkeit im Topf stark einkochen, bevor mit mehr Bier aufgegossen wird (bis das Fleisch wieder bedeckt ist).

Nun den Deckel auflegen und mindestens 2 Stunden schmoren lassen. Gelegentlich umrühren und prüfen, ob ausreichend Flüssigkeit im Topf ist. Gegebenenfalls noch etwas Bier hinzufügen. Ist die Sauce zu flüssig, mit eiskalten Butterstückchen abbinden. Zum Schluss nochmals abschmecken.

Dazu passen neben einem großen bunten Salat Weißbrot, Kartoffelpüree, Nudeln oder Reis.

TIPP

Wenn Sie für das Gulasch ein helles Bier verwenden, schwitzen Sie für mehr Farbe ca. 1 EL Tomatenmark zusammen mit den Zwiebeln an. Wenn Sie die Zwiebeln im selben Schmortopf wie das Fleisch bräunen möchten, nehmen Sie sie vor der Zugabe des Fleisches mitsamt dem Öl aus dem Topf.

Wurstgulasch

Ganz einfach. Einfach gut.

FÜR 4 PERSONEN

600 g Wurst (z. B. Debrecziner oder Cabanossi, einfache Fleischwurst geht aber auch)
1 Zwiebel
1 Knoblauchzehe
Öl zum Braten
1 TL edelsüßes Paprikapulver
425 g stückige Tomaten (aus der Dose)
500 ml Bier (alles außer Hefeweizen)
Tabasco
Salz

Die Wurst würfeln, Zwiebel und Knoblauch hacken.

Zwiebel und Knoblauch in einem Topf in wenig Öl andünsten. Wurstwürfel dazu, Paprikapulver drüber, umrühren. Nach 2–3 Minuten stückige Tomaten in den Topf, Dose mit Bier füllen (Rest trinken), Tomatenbier in die Sauce, umrühren und 20–30 Minuten bei offenem Deckel leicht köcheln lassen. Mit Tabasco und Salz abschmecken – fertig.

Brot oder Brötchen dazu.

TIPP

Mit etwas weniger Wurst, gehackten oder passierten Tomaten, der ganzen Flasche Bier und geschlossenem Topfdeckel wird's eine Gulaschsuppe.

Gemüsetopf

Das ist ein sommerlicher Eintopf, der ganz ohne Fleisch auskommt.

FÜR 4 PERSONEN

200 g Brokkoli
100 g Erbsen (frisch ausgepalt oder TK)
100 g grüne Bohnen
100 g Zucchini
100 g Staudensellerie
100 g gelbe Paprikaschote
200 g Karotten
300 g Kartoffeln
150 g Petersilienwurzeln
6 EL Olivenöl zum Braten
Salz und schwarzer Pfeffer aus der Mühle
1 l Bier

Das Gemüse waschen und putzen oder schälen. Den Brokkoli in Röschen teilen, alles andere klein schneiden. Das Öl in einem großen Topf erhitzen und das Gemüse darin anschwitzen. Mit Salz und Pfeffer abschmecken. Dann mit Bier und 1 l Wasser aufgießen. Etwa 20 Minuten köcheln lassen.

Hafer-Bier-Suppe

Ein ganz schnell gekochter Warmmacher für kalte Tage.

FÜR 4 PERSONEN

100 g Haferflocken
1 l helles Bier, plus mehr nach Bedarf
1–2 cm frischer Ingwer
Zucker
Salz

Die Haferflocken in einen Topf geben und mit Bier aufgießen. Den Ingwer reiben und hinzufügen. Bei geringer Hitze unter ständigem Rühren etwa 15 Minuten köcheln lassen.

Wenn die Suppe zu dickflüssig wird, einfach noch Bier zugießen. Mit Zucker und 1 Prise Salz abschmecken.

Spreewälder Biertopf

Wir haben die Spreewaldgurken an Straßenständen auf dem Weg nach Berlin gekauft – die aus dem Supermarkt tun's aber auch.

FÜR 4 PERSONEN

1 kg Schweinenacken ohne Knochen
2 EL Butterschmalz zum Braten
3 Zwiebeln
Salz
250 ml Bier
2 EL edelsüßes Paprikapulver
800 g Tomaten
250 g Senfgurken
125 g Schmand
Salz und schwarzer Pfeffer aus der Mühle

Das Fleisch würfeln und in dem heißen Schmalz anbraten. Die Zwiebeln grob hacken, zum Fleisch geben und mitbraten.

Alles salzen, dann Bier und 125 ml Wasser zugießen. Das Paprikapulver hinzufügen, umrühren und alles etwa 65 Minuten zugedeckt bei niedriger Hitze schmoren lassen.

Die Tomaten blanchieren und häuten. Danach vierteln und in der Suppe etwa 10 Minuten köcheln lassen.

Die Senfgurken in Streifen schneiden und dazugeben. Das Gulasch mit Schmand binden und mit Salz und Pfeffer abschmecken.

Dazu passen Nudeln.

Chili con Carne y Cerveza

Schmeckt, wie fast alle Eintöpfe, nach dem Aufwärmen am nächsten Tag noch besser.

FÜR 4 PERSONEN

1 Zwiebel
1–2 Knoblauchzehen
1 grüne Paprikaschote
Olivenöl zum Braten
500 g gemischtes Hackfleisch
Salz
Chilipulver
250 ml dunkles Bier (am besten ein malzig-süßliches nach Münchner Art)
Tomatenketchup
425 g Tomaten (aus der Dose, stückig oder gehackt)
850 g Kidneybohnen (aus der Dose)
1 Dose Mais

Die Zwiebel würfeln, den Knoblauch fein hacken. Die Paprika waschen, putzen und würfeln. In einem großen Topf – den Boden gut mit Olivenöl bedeckt – Fleisch, Zwiebel und Knoblauch anbraten. Paprika hinein, Salz und reichlich Chili drüber, gut durchrühren. Anschließend mit dem Bier ablöschen. Aufkochen lassen, bis die Flüssigkeit mindestens um die Hälfte reduziert ist. 1 Schuss Ketchup und die Tomaten dazugeben. Wenn Sie statt eines süßlichen ein herberes Bier verwenden, darf der Schuss auch größer ausfallen. Alles gut durchrühren, aufkochen und dann bei geringer Hitze etwa 20 Minuten köcheln lassen. Erst jetzt die Bohnen (vorher abgießen) und den Mais hinzufügen. Noch ein paar Minuten köcheln lassen, danach den Herd ausschalten und das Chili im geschlossenen Topf ziehen lassen, bis es Esstemperatur hat.

Dazu passen Weißbrot und ein grüner Blattsalat.

Pichelsteiner

Die deutsche Variante des Irish Stew – ein Schlechtwetteressen, das richtig satt macht.

FÜR 4 PERSONEN

600 g Fleisch (Rind, Schwein, Kalb, Lamm)
2–3 große Zwiebeln
300–400 g Karotten, Knollensellerie, Petersilienwurzel
300–400 g Kartoffeln
1 kleiner Kopf Weißkohl oder Wirsing
150 g durchwachsener geräucherter Speck
Salz und schwarzer Pfeffer aus der Mühle
250 ml Gemüsebrühe
1 TL Kümmelsamen
50 g Butter
250 ml helles Bier
Petersilie

Das Fleisch in mundgerechte Würfel schneiden. Das Gemüse putzen. Die Zwiebeln in Streifen oder halbe Ringe, das Wurzelgemüse und die Kartoffeln in Scheiben oder Würfel, den Kohl vom Strunk befreien und in Streifen schneiden.

Den Speck würfeln und in einem feuerfesten Topf auslassen. Fleisch und Zwiebeln darin anbraten, salzen und pfeffern, nach 3–4 Minuten wieder herausnehmen.

Den Topf schichtweise mit Kohl, Kartoffeln, Fleisch und Wurzelgemüse füllen. Immer wieder leicht salzen und pfeffern.

In einem separaten Topf die Brühe kurz aufkochen, Kümmel zugeben, Butter und Bier einrühren. Die Bierbrühe in den Topf mit dem Fleisch und dem Gemüse gießen, Deckel drauf und das Ganze für 1–1 ½ Stunden in den auf 180 °C vorgeheizten Ofen stellen.

Mit frisch geschnittener Petersilie bestreut servieren.

TIPP

Beim Pichelsteiner sollten mindestens zwei Sorten Fleisch verwendet werden. Wichtig ist auch, bei Eintöpfen, die im Backofen fertig gegart werden, nur Töpfe mit wirklich dicht schließenden Deckeln zu verwenden – nur dann bleibt die köstliche Brühe ganz erhalten.

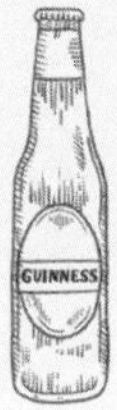

Irish Stew

Für diesen Eintopf gibt es mindestens so viele Variationen, wie es irische Familien gibt. Von Bier ist in den Rezepten nur selten die Rede, das trinken sie wohl lieber, die Iren.

FÜR 4 PERSONEN

800 g Lammfleisch (Schulter oder Keule)
500 g Kartoffeln
500 g Weißkohl
2 Zwiebeln
2 Karotten
Salz und schwarzer Pfeffer aus der Mühle
2 TL Kümmelsamen
2–3 Lorbeerblätter
1–2 Zweige frischer Thymian
500 ml Irish Stout oder Altbier
Petersilie oder Schnittlauch zum Servieren

Das Fleisch ca. 2 ½ cm groß würfeln. Die Kartoffeln schälen und in 1 cm dicke Scheiben schneiden. Vom Kohl den Strunk entfernen und die Blätter in Streifen schneiden. Zwiebeln und Karotten putzen, schälen und in Ringe bzw. Scheiben schneiden.

Schichtweise Kartoffeln, Kohl und Fleisch in einen ofenfesten Topf legen. Dabei mit Salz, Pfeffer und Kümmel würzen und Lorbeerblätter, Thymian, Zwiebeln und Karotten darin verteilen. Ganz oben sollte wieder eine Schicht Kartoffeln kommen. Mit Bier aufgießen und danach so viel Wasser zugeben, dass die oberste Schicht gerade bedeckt ist.

Einmal aufkochen, dann Deckel drauf, in den vorgeheizten Ofen (180 °C) stellen und rund 2 Stunden garen.

Den Stew herausnehmen, die Thymianzweige entfernen, dann frisch geschnittene Petersilie darüberstreuen und servieren.

HAUPTGERICHTE

Bockburger

FÜR 4 BURGER

400 g Rinderhackfleisch
100 ml dunkler Doppelbock
1 TL schwarzer Pfeffer aus der Mühle
1 TL Salz
1 Scheibe trockenes Weißbrot (nach Bedarf)
4 Salatblätter
½ Gemüsezwiebel
1 Fleischtomate
4 große Burger- oder Ciabattabrötchen
2 EL Biersenf (s. Seite 42)

Das Hackfleisch mit Bier, Pfeffer und Salz vermengen und kräftig durchkneten. Dabei sollte die Masse gut abbinden. Wenn nicht, etwas trockenes Weißbrot hineinbröseln. 4 große, flache Burgerpattys formen.

Die Salatblätter waschen und trocken schleudern, die Zwiebel in Ringe, die Tomate waschen und in Scheiben schneiden.

Die Fleischpattys von beiden Seiten 5–8 Minuten grillen. Die Brötchen aufschneiden und mit der Schnittseite nach unten am Rand des Grills leicht anrösten. Dann die untere Hälfte der Brötchen mit Biersenf bestreichen und mit Salatblättern, Zwiebelringen und dem Fleisch belegen. Zum Schluss Tomatenscheiben und die obere Brötchenhälfte darauflegen und leicht andrücken.

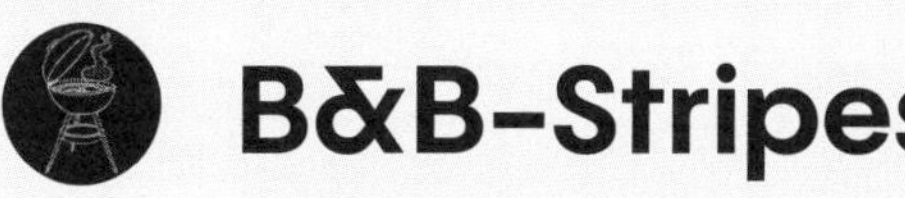

B&B-Stripes

Beef and Beer: ein harmonisches Paar – auch auf dem Grill.

FÜR 4 PERSONEN

1 kg Roastbeef
2–3 EL Olivenöl
250 g Kirschtomaten
1 orangefarbene oder gelbe Paprikaschote
200 g B&B-Zwiebeln (s. Seite 172)
Salz und schwarzer Pfeffer aus der Mühle (nach Belieben)

Das Roastbeef waschen und trocken tupfen, dann in vier etwa 2–2½ cm dicke Scheiben schneiden und gut mit Öl einreiben. Auf direkter starker Hitze – möglichst bei geschlossenem Deckel – grillen. (Richtwert für medium: nach 4–6 Minuten wenden, dann weitere 2–4 Minuten garen.) Anschließend das Fleisch in Folie wickeln und mindestens 10 Minuten ruhen lassen.

Inzwischen die Kirschtomaten waschen und halbieren. Die Paprikaschote waschen, putzen, entkernen und in lange, dünne Streifen schneiden.

Die Steaks in dünne Streifen schneiden, mit Tomatenhälften und Paprikastreifen auf Teller verteilen und die B&B-Zwiebeln samt Flüssigkeit darübergeben. Nach Belieben mit Salz und Pfeffer würzen.

Dazu passen am besten Weißbrot und ein bunter Salat.

TIPP

Falls Sie keine selbstgemachten B&B-Zwiebeln vorrätig haben, 200 g eingelegte Zwiebeln aus dem Glas (z. B. Cipolle borretane oder süßsaure Perlzwiebeln) abgießen, abtropfen lassen und mit 4 EL Balsamico sowie 100 ml dunklem Bier vermischen.

Bœuf Bierguignon

Bœuf Bourguignon ist einer der Weinklassiker schlechthin. Nicht nur, weil ein guter Burgunder hierzulande selten zu bekommen ist, bietet sich die Biervariante an, sie eröffnet auch ganz neue, vollmundige Geschmacksnuancen.

FÜR 4 PERSONEN

250 g Perlzwiebeln oder kleine Schalotten
2–3 Zwiebeln
500 g Karotten mit Grün
200 g kleine Champignons
1 ½ kg Rindfleisch (Schulter oder noch besser Zungenbug)
Salz und schwarzer Pfeffer aus der Mühle
Weizenmehl
Olivenöl zum Braten
200 g durchwachsener Speck
Tomatenmark
750 ml dunkles Bier, plus mehr nach Bedarf
je 1 Zweig Thymian und Rosmarin
2 Lorbeerblätter
250 ml Rinderbrühe
Butter (nach Bedarf)
1 Bund Petersilie
1 Knoblauchzehe

Die Perlzwiebeln häuten. Die Zwiebeln würfeln. Die Karotten schälen, längs halbieren und in Stücke schneiden. Champignons putzen. Das Rindfleisch in 5–6 gleich große Stücke schneiden, dann mit Salz und Pfeffer würzen, in Mehl wenden und abklopfen.

Perlzwiebeln, Karotten und Champignons in einem Bräter in Olivenöl 3–5 Minuten anbraten, anschließend herausnehmen. Noch etwas Öl in den Bräter träufeln und die Fleischstücke von allen Seiten scharf anbraten. Fleisch herausnehmen und Zwiebeln und Speck (am Stück) anbraten, Tomatenmark einrühren und mit anschwitzen. Mit 250 ml Bier ablöschen, die Kräuter hineingeben und kräftig aufkochen. Danach das Fleisch zugeben, mit dem restlichen Bier und der Brühe aufgießen, nochmals aufkochen und bei geschlossenem Deckel und geringer Hitze mindestens 2 Stunden schmoren lassen.

Ist zu viel Flüssigkeit verdampft, noch etwas Bier zugießen. Ist die Sauce zu dünnflüssig, mit einem Stück Butter (20–30 g) abbinden.

Wenn das Fleisch zart ist, das angebratene Gemüse hinzufügen, mit Salz und Pfeffer abschmecken, alles noch mal 15 Minuten schmoren. Petersilie und fein gehackten Knoblauch in die Sauce einrühren und vor dem Servieren 15 Minuten ruhen lassen.

Dazu passen optimal Kartoffelpüree und ein Salat.

TIPP

Wenn Sie ein Rauchbier – eine fränkische Spezialität – verwenden, können Sie auch den Speck weglassen.

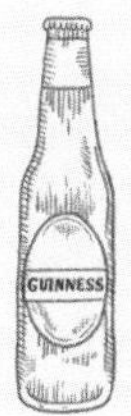

Irish Stout Pie

Ein Tipp von unserem Freund Roy Thompson. Der ist zwar aus Nordengland, singt aber tolle irische Lieder und kocht sehr gute irische Gerichte.

FÜR 4 PERSONEN

FÜR DEN TEIG

200 g Weizenmehl
1 Prise Salz
110 g Butter
1 Bio-Ei (Größe M), plus 1 weiteres zum Bestreichen

FÜR DIE FÜLLUNG

25 g Weizenmehl
Salz und schwarzer Pfeffer aus der Mühle
900 g Rindersteaks
20 g Butter zum Braten
1 TL Öl zum Braten
2 große Zwiebeln
200 g Karotten
2 TL Worcestersauce
2 TL pürierte Tomaten
500 ml Irish Stout
300 ml Rinderfond
2 TL Zucker

Für den Teig Mehl, Salz, Butter, Ei und 2–3 TL sehr kaltes Wasser rasch verkneten. In Frischhaltefolie wickeln und mindestens 1 Stunde kalt stellen.

Für die Füllung Mehl, Salz und Pfeffer vermengen. Das Fleisch würfeln und gleichmäßig im Mehl wenden.

Butter und Öl in einer Kasserolle erhitzen. Das Fleisch hineinlegen und 1 Minute anbraten, danach mit einem Schaumlöffel herausnehmen.

Zwiebeln und Karotten putzen, würfeln und 2 Minuten in der Pfanne anbraten. Fleisch mit den restlichen Zutaten (bis auf das Ei) zugeben. Reichlich Pfeffer darübermahlen und 1 Prise Salz zugeben. Umrühren und aufkochen lassen. Dann Hitze reduzieren, Topf abdecken und 2 Stunden leise köcheln lassen, bis das Fleisch zart und die Sauce sämig ist. Zum Schluss in eine Auflaufform füllen und abkühlen lassen.

Den Teig 3 mm dick ausrollen (er sollte 2 1/2 cm größer sein als die Form) und davon einen 2 cm breiten Streifen abschneiden. Den Rand der Auflaufform mit Wasser bestreichen und den Teigstreifen daran festdrücken. Den restlichen Teig auf die Füllung legen und einen Pie-Trichter in die Mitte setzen (dadurch bleibt der Teig knusprig).

Die Teigplatte andrücken und überstehenden Teig abschneiden. Das Ei verquirlen und damit die Teigplatte bestreichen. In den vorgeheizten Ofen schieben (200 °C) und 30–35 Minuten backen.

TIPP

Einen Pie-Trichter (englisch: pie funnel) wird nicht jeder zu Hause haben. Ein guter Ersatz ist ein Eierbecher aus Keramik, den man umgedreht in die Pie setzt.

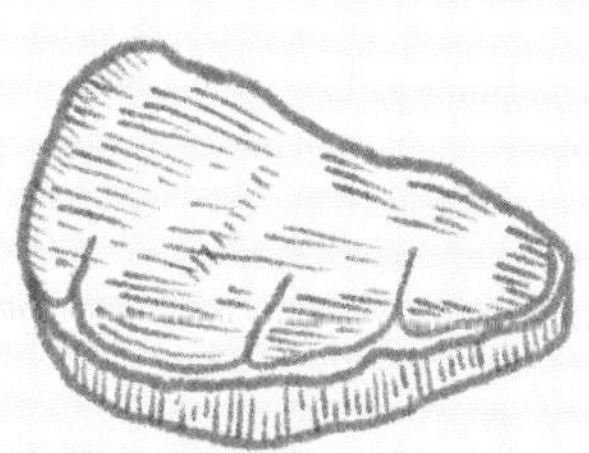

Böfflabier

Achtung! Das Fleisch muss 3 Tage lang eingelegt werden.

Ihr Böfflamott haben die Bayern aus der Zeit geerbt, als sie mit Napoleon verbündet waren. Seither haben sie das französische Bœuf à la mode nicht nur sprachlich, sondern auch in der Rezeptur vielfach abgewandelt. Den Rotwein dazu mussten sie importieren oder Weißwein aus dem dank Napoleon und seinen Kriegen einverleibten Franken verwenden. Dabei hätte das gute dunkle Bier doch so nahegelegen. Hier ist es nun, das Böfflabier.

FÜR 4 PERSONEN

1–2 kg Rindfleisch (flache Schulter)

FÜR DIE MARINADE

800 ml dunkles bayerisches Bier
100 ml Bieressig (alternativ Weinessig)
4–6 angedrückte Wacholderbeeren
2–3 Lorbeerblätter

FÜR DIE SAUCE

1 Bund Suppengrün (Lauch, Karotte, Knollensellerie)
1 Zwiebel
Öl zum Braten
2–3 EL Puderzucker
1 EL Tomatenmark
Salz und schwarzer Pfeffer aus der Mühle
1 TL Kümmelsamen
1 Zweig frischer Thymian
2–4 EL Crème fraîche

Die Zutaten für die Marinade zusammen kurz aufkochen, dann abkühlen lassen. Das Fleisch darin einlegen und 3 Tage im Kühlschrank kalt stellen. Das Fleisch sollte ganz bedeckt sein. Eventuell muss man es ein-, zweimal wenden.

Das Fleisch anschließend herausnehmen und trocken tupfen. Die Marinade durch ein Sieb abgießen und auffangen. Etwa die Hälfte davon mindestens auf ein Drittel einkochen.

Suppengrün und Zwiebel putzen bzw. schälen und alles halbieren.

Das Öl in einem großen Bräter (da muss später das ganze Fleisch reinpassen) erhitzen. Das Fleisch darin von allen Seiten gut anbraten und wieder herausnehmen. Im Bräter Puderzucker leicht karamellisieren, Tomatenmark anschwitzen. Das Gemüse darin andünsten und mit der reduzierten Marinade aufgießen. Nochmals um die Hälfte reduzieren. Die Gewürze und Thymian dazu, das Fleisch wieder hineinlegen, mit der restlichen Marinade aufgießen und kurz aufkochen.

Deckel drauf und in den vorgeheizten Ofen (160–180 °C) stellen. Den Deckel leicht öffnen, damit Flüssigkeit verdampfen kann. 2½–3 Stunden garen.

Das Fleisch herausnehmen, auf einer vorgewärmten Platte mit Alufolie bedecken und bei 50–60 °C Restwärme im ausgeschalteten Ofen ruhen lassen.

Die Sauce durch ein engmaschiges Sieb in einen Topf gießen. Das Gemüse nur leicht ausdrücken (nicht passieren). Die Sauce gegebenenfalls noch weiter einkochen. Wenn die Sauce aufhört zu kochen, die Crème fraîche einrühren.

Das Fleisch in dünne Scheiben schneiden, auf der Platte anrichten und mit der Sauce übergießen.

Dazu passen Reiberdatschi (s. Seite 160) und Blaukraut (s. Seite 174).

TIPP

Dieser Sonntagsbraten war im Süden Deutschlands die Krönung der Woche. Genauso wichtig wie das Fleisch waren dabei immer auch die Beilagen, in unserem Fall die Reiberdatschi und die Sauce. Andere empfehlen Semmel- oder Kartoffelknödel, Salzkartoffeln oder gar Nudeln zum Böfflamott, aber das Beste, meinen wir, sind einfach die Kartoffelpuffer. Früher hat man dazu die frisch geriebenen Kartoffeln in einem Leinentuch ausgepresst. Früher war auch die Zukunft besser, meinte Karl Valentin. Heute machen wir es uns einfacher mit fertigem fränkischen Kloßteig.

Schwäbischer Rinderbraten

Von Stuttgart bis Ravensburg zu Recht beliebt. Dauert ein bisschen, aber das Warten lohnt sich.

FÜR 4 PERSONEN

- 1 ½ kg Rindfleisch aus der Keule
- schwarzer Pfeffer aus der Mühle
- 450 g Karotten
- 300 g Petersilienwurzeln
- 2 Zwiebeln
- 3 Gewürznelken
- 500 ml dunkles Bier
- 50 g Butterschmalz
- Salz
- 250 ml Fleischbrühe
- Zucker
- 5 EL saure Sahne

Das Rindfleisch mit Pfeffer einreiben. Das Gemüse putzen, waschen und nicht zu klein schneiden. Alles mit den Nelken in eine Schüssel geben und mit Bier übergießen. Zugedeckt 2 Tage ziehen lassen, dabei mehrmals wenden.

Das Fleisch aus der Beize nehmen, trocken tupfen und in einen Bräter legen. Das Butterschmalz erhitzen und darübergießen. Salzen und zugedeckt im vorgeheizten Backofen (220 °C) 1 Stunde schmoren.

Das Gemüse dazugeben. Einen Teil der Beize durchsieben und ebenfalls hinzufügen. Noch 1 Stunde garen.

Fleisch und Gemüse aus dem Bratenfond nehmen und warm stellen. Die restliche Beize und die Fleischbrühe in den Fond gießen und aufkochen lassen. Mit Salz, Pfeffer und Zucker abschmecken und etwas einkochen lassen. Zum Schluss die saure Sahne unterrühren.

Dazu passen Bandnudeln.

Rinderschmorbrust

Ein bayerischer Klassiker.

FÜR 4 PERSONEN
1 ½ kg Rinderbrust ohne Knochen
Butterschmalz zum Braten
200 g Karotten
200 g Knollensellerie
150 g Petersilienwurzel
750 ml Bier
Salz und schwarzer Pfeffer aus der Mühle
frisch geriebene Muskatnuss
10 Stängel Petersilie

Die Rinderbrust im heißen Butterschmalz von allen Seiten bei starker Hitze anbraten.

Das geputzte und klein geschnittene Gemüse dazugeben und ebenfalls anbraten. Dann das Bier zugießen und alles zugedeckt bei schwacher Hitze etwa 90 Minuten schmoren lassen.

Am Ende der Garzeit das Fleisch herausnehmen, in Alufolie wickeln und warm stellen.

Das Gemüse im Biersud mit dem Stabmixer pürieren. Mit Salz, Pfeffer und Muskat abschmecken und noch einmal aufkochen lassen. Die Petersilie frisch schneiden und unter die Sauce rühren.

Dazu passen Serviettenknödel.

Asia-Roastbeef

Ein britisch-chinesischer Dialog – Bier mögen beide.

FÜR 4 PERSONEN
800 g Rinderfilet
Öl für das Blech

FÜR DIE MARINADE
1 Knoblauchzehe
1 Stück frischer Ingwer (etwa doppelt so groß wie die Knoblauchzehe)
100 ml Schwarzbier oder Irish Stout
20 g brauner Zucker
1 Prise Salz
2 EL Sojasauce
1 EL Sesamöl

FÜR DAS DRESSING
2 Frühlingszwiebeln
1 Stück Ingwer (wie für die Marinade)
1 kleines Bund Koriandergrün
3 EL Schwarzbier oder Irish Stout
1 EL Sojasauce
1 EL Reisessig
2 EL natives Olivenöl extra

Für die Marinade Knoblauch und Ingwer schälen, fein hacken und in einer Schüssel mit den restlichen Zutaten vermischen. Das Fleisch einlegen und wenden, bis es rundum gut damit überzogen ist. Für 1 Stunde zugedeckt in den Kühlschrank stellen. In dieser Zeit das Fleisch ein- bis zweimal in der Marinade wenden.

Das Fleisch aus der Marinade nehmen. In einer Pfanne von allen Seiten je 2–3 Minuten scharf anbraten. Dann auf ein leicht geöltes Blech legen und im vorgeheizten Ofen (250 °C) etwa 15 Minuten braten (englisch: 1–2 Minuten weniger, medium: 1–2 Minuten mehr).

Das Fleisch aus dem Ofen nehmen, in Alufolie einwickeln und 15–20 Minuten ruhen lassen.

Inzwischen für das Dressing Frühlingszwiebeln sauber putzen und in dünne Ringe schneiden. Den geschälten Ingwer in ganz feine Streifen schneiden. Koriander waschen und frisch schneiden. Alles mit den Flüssigkeiten fürs Dressing vermischen.

Das Fleisch in dünne Scheiben schneiden, auf einer Platte anrichten und mit dem Dressing übergießen.

TIPP

Das Roastbeef kann so hervorragend Bestandteil eines mehrgängigen chinesischen Menüs sein. Es eignet sich auch für einen bunten Salat – da hat man schon das Dressing (eventuell davon ein klein bisschen mehr machen). Man kann auch zur britischen Seite hin tendieren und serviert dazu Yorkshire Pudding (s. Seite 165). Dann wird der heiße Ofen gleich weiterverwendet.

Asiasteaks

Sojasauce und Bier sind durch einen ähnlichen Brauprozess miteinander verwandt. Wir finden, sie passen auch gut zusammen – vor allem in asiatisch angehauchten Grillmarinaden.

FÜR 4 PERSONEN
4 Rib-Eye-Steaks
4 EL Sesamöl
4 EL Sambal Oelek
200 ml Schwarzbier
100 ml Sojasauce
1–2 EL brauner Zucker
2–3 Frühlingszwiebeln
1 walnussgroßes Stück frischer Ingwer

Die Steaks waschen, trocken tupfen und überschüssige Fettränder entfernen. Zunächst mit Sesamöl, dann mit Sambal Oelek bestreichen. Aus Bier, Sojasauce und Zucker eine Marinade anrühren und die Steaks für 8–12 Stunden darin einlegen.

Die Frühlingszwiebeln waschen, trocken tupfen und putzen, den Ingwer schälen. Rund die Hälfte der Marinade in ein feuerfestes Töpfchen gießen und auf dem aufheizenden Grill zu einer Sauce einkochen.

Die Steaks aus der restlichen Marinade nehmen, etwas abtropfen lassen und dann bei starker Hitze von jeder Seite 5–6 Minuten grillen. Herunternehmen und 5–10 Minuten abgedeckt ruhen lassen. Inzwischen die Zwiebeln in feine Ringe schneiden, den Ingwer fein raspeln oder sehr klein schneiden.

Zum Servieren die eingekochte Sauce über die Steaks gießen und Frühlingszwiebeln und Ingwer darüberstreuen.

Roastbeef-Brötchen

FÜR 4 PERSONEN

4 dünne Scheiben Roastbeef (ca. 1 ½–2 cm dick)
Hauptsache Knoblauch (Marinade, s. Seite 44)
4 Blätter Romanasalat
1 Fleischtomate
4 große Ciabatta-Brötchen

Die Roastbeefscheiben waschen und gut trocken tupfen, dann in die Marinade einlegen und mehrere Stunden (am besten über Nacht) im Kühlschrank ziehen lassen.

Das Fleisch aus der Marinade nehmen und trocken tupfen. Dabei darauf achten, dass keine Knoblauchstücke mehr am Fleisch hängen, da diese auf dem Grill verbrennen würden. Die Marinade in eine feuerfeste Form füllen und auf dem aufheizenden Grill (oder Herd) um etwa die Hälfte einkochen lassen.

Die Salatblätter waschen und trocken schleudern, die Tomate waschen, putzen und in dünne Scheiben schneiden, dabei den Strunk entfernen.

Wenn der Grill voll aufgeheizt ist, das Roastbeef auf direkter Hitze von jeder Seite nur etwa 2 Minuten grillen, dann herunternehmen und abgedeckt ruhen lassen.

Die Ciabatta-Brötchen aufschneiden. Die Schnittseiten auf dem Grill kurz anrösten, dann die unteren Hälften mit den Salatblättern belegen. Die Steaks darauflegen und nach Geschmack mit Sauce aus der eingekochten Marinade bestreichen. Mit Tomatenscheiben und Brötchendeckel abschließen.

Porterhousesteak pur

Das Porterhouse ist der dicke Bruder vom T-Bone-Steak. Beide werden – mit Knochen – aus dem flachen Roastbeef geschnitten. Eine Geschichte besagt, dass sich der Name von Gasthäusern ableitet, in denen die Biersorte Porter ausgeschenkt wurde. Wir widmen uns dieser Variante in Reinform. Ach ja: Es soll Leute geben, die der Meinung sind, dass ein Mensch allein so ein Porterhousesteak bezwingen kann. Kann schon sein. Wir sind der Meinung, es reicht auch für zwei. Hier der Kompromiss:

FÜR 6 (BZW. 4–8) PERSONEN

4 Porterhousesteaks (à 700 g, ca. 3 ½–4 ½ cm dick)
1 l Porter
Salz und schwarzer Pfeffer aus der Mühle

Die Steaks waschen und gut trocken tupfen. Anschließend in 750–900 ml Porter mindestens 2 Tage lang im Kühlschrank marinieren. Sollten die Steaks nicht ganz mit Bier bedeckt sein, mehrmals wenden.

Mit dem restlichen Bier am Tag des Grillens eine Knobierbutter (s. Seite 39) herstellen.

Die Steaks aus der Marinade nehmen und gut abtupfen. Bei starker direkter Hitze 8–12 Minuten grillen, möglichst bei geschlossenem Deckel, dabei zwei- bis dreimal wenden. Erst dann salzen und pfeffern. Die Steaks vor dem Verzehr abgedeckt 5–10 Minuten ruhen lassen.

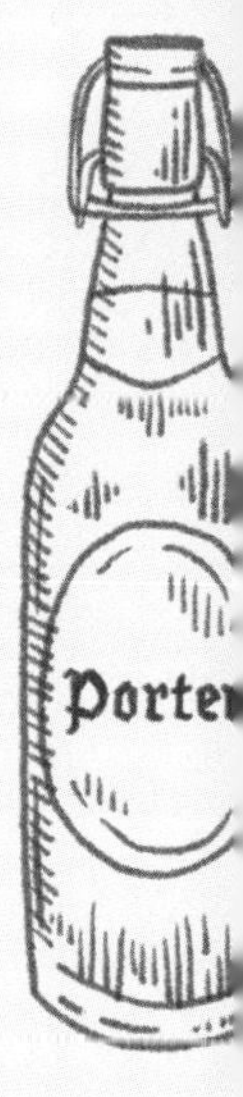

FLEISCH GRILLEN – BASICS

Jeder Grill ist individuell. Und wer keinen Hightechgrill sein Eigen nennt, der sich punkt- und gradgenau steuern lässt, weiß, dass sich Garzeiten nicht minutengenau angeben lassen. So hängt bei allen Arten von Grills natürlich viel vom verwendeten Grillgut ab, beim Holzkohlegrill kommen noch Qualität und Menge der benutzten Kohle dazu. Besonders beim Fleisch gibt es signifikante Unterschiede. Deshalb ein paar grundlegende Regeln:

Fleisch sollte vor dem Verarbeiten immer gründlich gewaschen und trocken getupft werden.

Nun zur Grundsatz- und Geschmacksfrage: Fleisch vor dem Grillen salzen und pfeffern, oder nicht?

Wir meinen, Salz kann sein, Pfeffer nicht. Salz bringt natürlich Würze, und ohne kommen wir eigentlich bei fast keinem Gericht aus. Es kann dem Fleisch aber auch Flüssigkeit entziehen und es trocken machen. Darum sollte Fleisch erst unmittelbar, bevor es auf den Grillrost kommt, gesalzen werden. Zu Pfeffer – und anderen Scharfmachern – sagen wir in der Marinade Ja. Aber direkt auf dem Fleisch verbrennt er auf dem Grill nur und bringt nichts – zumindest nichts Gutes – für den Geschmack. Lieber am Schluss frisch drübermahlen.

Fleisch sollte natürlich immer im Kühlschrank aufbewahrt werden, auch während des Marinierens, jedoch nie direkt aus dem Kühlschrank auf den heißen Grill gebracht werden. Also: das Fleisch 15–30 Minuten vorher aus dem Kühlschrank nehmen und es – natürlich nicht in praller Sonne – Raumtemperatur annehmen lassen.

Wohin mit dem Fleisch auf dem Grillrost? In der Regel zunächst direkt über die größte Glut. Das gilt vor allem für Steaks, aber zum Beispiel auch für Hähnchen. Nach dem ersten Anbraten von beiden Seiten – das Fleisch sollte dabei nur einbis zweimal gewendet werden – kann es dann mehr an den Rand hin verschoben werden, um gut durchzugaren. Das verhindert, dass es außen verkohlt und innen roh bleibt. Bei Schweinefleisch, Burgern oder Fisch darf die Hitze auch während des gesamten Grillvorgangs gleichmäßig auf niedrigerem Niveau bleiben.

Bei Grillspießen setzen wir auf Holz. Allgemein wird empfohlen, diese vorher mindestens eine halbe Stunde zu wässern. Das sorgt zum einen dafür, dass sie nicht so schnell Feuer fangen, zum anderen lässt sich das Grillgut im Anschluss besser abstreifen. Passend zu unseren Rezepten empfehlen wir statt wässern »bieren« – also die Holzspieße vorab in Bier einzulegen. Das verhindert ebenfalls das Verbrennen. Und wir meinen, dass sich auf diese Weise noch ein paar köstliche Bieraromen zusätzlich übertragen lassen.

ACCESSOIRES – DIE FÜNF VON DER GRILLSTELLE

Mit dem Grillen ist es wie mit dem Radfahren. Wer mag, kann viel Geld für allerlei Zubehör ausgeben. Wie Sie es beim Radeln machen, ist uns egal. Fürs Grillen haben wir unsere Top Five der wirklich wichtigen Accessoires zusammengestellt:

1. Eine Grillzange. Sie sollte lang genug sein – das schützt die Finger vor Verbrennungen. Wir verwenden eine, die 40 cm misst. Ihre Greifer sollten unterschiedliches Grillgut fassen und festhalten können. Holzgriffe sind zwar schön, aber nicht spülmaschinentauglich. Zangen, die komplett aus Edelstahl sind oder Griffe aus Silikon oder Kunststoff haben, sind praktischer. Eine Zange, die gut in der Hand liegt, ersetzt bei uns sogar den Grillwender.

2. Ein Grillhandschuh. Auch hier ist Länge von Vorteil, weil so der Unterarm vor Brandwunden bewahrt wird. Ein guter Grillhandschuh sollte bis zu 300 °C aushalten, dabei aber nicht unförmig sein. Schließlich sollen die behandschuhten Finger Zange und anderes Werkzeug sicher halten können. Wenn der Handschuh gut sitzt, genügt auch ein Fäustling – Modelle mit fünf Fingern sind meist teurer.

3. Ein Grillhalter. Ist sehr hilfreich, wenn Fische gegrillt werden, vor allem wenn sie gefüllt sind. So kleben sie nicht am Rost fest und die Füllung bleibt drin. Nützlich macht sich der Halter auch bei zartem Gemüse oder kleineren Fleischstücken, die so nicht durch den Rost fallen können. Edelstahl ist hier das Material unserer Wahl.

4. Eine Grillschale. Am besten aus Edelstahl. Sie ist umweltfreundlicher als Einwegschalen aus Alu – welche gesundheitsbewusste Grillfans wegen potenzieller Abgabe von Schadstoffen sowieso nicht mögen. Ideal für Gemüse, Desserts und Schmorgerichte.

5. Eine Grillbürste. Sie ist nicht nur bei der Endreinigung des Holzkohlegrills nützlich, sondern entfernt auch während des Grillens Rückstände von Speisen vom Rost. Dadurch verkokelt nichts, und Gemüsespieße schmecken auch nicht nach Fleisch. Am besten ist eine Bürste mit Borsten aus rostfreiem Stahldraht.

GRILLTYPEN – ALLES KOHLE, ODER WAS?

Viele Wege führen zum Steak. Traditionsbewusste, Romantiker und alle, die gerne zündeln, grillen am liebsten über glühenden Kohlen. Die Geräte dafür kann man bereits für unter 20 Euro kaufen – sollte man aber nicht. Denn Billiggrills rosten schnell, weil sie meist schlecht verarbeitet sind. Das sieht nicht schön aus, ist unhygienisch und kann schlimmstenfalls gefährlich werden: Denn wenn Rost die Beine anfrisst, ist der Grill nicht mehr standsicher. Also lieber etwas mehr Geld investieren und Geräte mit hochwertiger Emaillierung oder aus Edelstahl erwerben. Dabei auch an die Grillmengen denken. Hat der Rost einen Durchmesser, der kleiner als 40 cm ist, werden höchstens zwei Personen schnell satt. Werden sechs oder mehr Esser erwartet, sollte der Rostdurchmesser mindestens 67 cm betragen. Ein ausreichend bemessener Rost lässt sich zudem besser in verschiedene Hitzezonen einteilen. Dafür wird der größte Teil der Glut auf eine Seite geschoben. Über dieser direkten Hitze werden Steaks oder Burger gebraten. Am Rand dieser heißesten Zone ist der beste Platz für Würste. Der Bereich mit wenig Glut bringt die nötige indirekte Hitze mit, über der größere Fleischstücke, festere Gemüsesorten oder ganze Hähnchen durchgaren, ohne außen zu verbrennen. Auch als »Warmhalteplatte« zum Ablegen von fertig gegrilltem Fleisch eignet sich diese Zone. Perfektioniert wird das Grillen mit indirekter Hitze durch einen Deckel. Liegt er auf dem Gerät, verteilt er die Hitze der Glut rundum. Bei einigen Modellen lässt sich die Luftzufuhr passend zum jeweiligen Grillgut regeln – so kann der Grill zum Backofen oder zur Räucherkammer werden.

Präzisionsfanatiker, Ungeduldige und alle, die Wert auf Komfort legen, werden mit Gasgrills glücklich. Bei ihnen lässt sich die Hitze superexakt regeln und sie erreichen auf Knopfdruck und in nur wenigen Minuten Betriebstemperatur. Gute Geräte ermöglichen es auch hier, verschiedene Hitzezonen einzurichten. Bei Gasgrills mit Deckel – der normalerweise für die indirekte Grillhitze sorgt – muss der Rost zum Reinigen nicht einmal herausgenommen werden. Einfach den Deckel schließen und den Grill auf höchster Stufe ein paar Minuten laufen lassen. Alles, was am Rost klebt, wird weggebrannt. Es entsteht eine Ascheschicht, die ganz simpel mit einer Edelstahlbürste entfernt wird. Kohlehasser, Gasflaschen-Phobiker und alle, die gerne direkt im Esszimmer grillen, setzen auf die Elektrovariante. Diese Geräte sind sauber, rauchen und rußen nicht – ein nicht zu unterschätzender Punkt, wenn es darum geht, gute Nachbarschaft in Mehrfamilienhäusern zu bewahren. Sie sind im Betrieb und bei der Anschaffung oft günstiger als Holzkohle- und Gasmodelle. Zu geizig sollte man beim Kauf aber nicht sein. Genügend Leistung – mindestens 2000 Watt – sollte ein E-Grill schon liefern, um die Hitze zu erzeugen, mit der sich z. B. Steaks gut grillen lassen. Billigere Modelle sind in der Regel zu schwach: Fleisch muss zu lange auf dem Grill bleiben und wird zäh. Getrennt regelbare Hitzezonen und ein Deckel fürs indirekte Grillen sind auch bei Elektrogeräten äußerst hilfreich.
Ganz egal also, ob Holzkohle, Gas oder Strom Steaks, Würstchen und Tofuburger in Grillfestleckerbissen verwandeln – es lohnt sich, beim Gerätekauf auf Qualität zu achten.

Beer-Moinks

Im Englischen sagen die Kühe »Moo« und die Schweine »Oink«. Bei diesen Fleischbällchen werden beide vereint, daher der Name dieses amerikanischen Grillklassikers, der normalerweise mit gekaufter BBQ-Sauce zubereitet wird. Wir verwenden unsere eigene bierige Mischung.

FÜR 4 PERSONEN (ERGIBT 20 MOINKS)

200 ml dunkles Bier
6 EL flüssiger Honig
2 EL Sojasauce
1 EL Chiliflocken
Salz
750 g Rinderhack
20 Streifen Bacon

UTENSILIEN

Zahnstocher zum Fixieren

Bier, Honig, Sojasauce, Chiliflocken und etwas Salz in einer kleinen Schüssel verrühren, bis sich der Honig gut aufgelöst hat. 2 EL davon mit dem Hackfleisch vermischen.

Aus dem Hackfleisch 20 kleine Klopse formen. Um jeden 1 Streifen Bacon wickeln und diesen mit einem Zahnstocher fixieren. Die Moinks indirekt bei geschlossenem Deckel etwa 35 Minuten grillen, bis der Bacon kross ist.

Anschließend vom Grill nehmen und jedes Moink einmal komplett in die Biermischung tauchen. Danach wieder auf den Grill legen und nochmals 20 Minuten bei geschlossenem Deckel garen.

Feurige Frikadellen

Falls wir vergessen haben, es zu erwähnen: Wir mögen's scharf.

ERGIBT 8 FRIKADELLEN

2–3 getrocknete Chilischoten
150 ml dunkles Landbier
2 EL scharfer Senf
1 trockenes Brötchen vom Vortag
1 Knoblauchzehe
Salz
400 g gemischtes Hackfleisch
Semmelbrösel (nach Bedarf)

Die Chilis zermahlen und mit 2 EL vom Bier und dem Senf gut verrühren. Das Brötchen fein zerrupfen und mit dem restlichen Bier übergießen. Den Knoblauch fein hacken. Alles zusammen mit etwas Salz zum Hackfleisch geben, vermengen und gut durchkneten.

Aus dem Fleischteig acht flache runde Frikadellen formen. Wenn die Masse zu feucht ist, noch ein paar Semmelbrösel einkneten.

Die Frikadellen von beiden Seiten etwa 10 Minuten grillen, bis das Fleisch durchgegart ist.

Fränkische Köfte (Bratwurst am Stiel)

Als Franken haben wir uns gefragt: Wie bringt man die beiden Grillklassiker Bratwurst und Bier zusammen? Ein Metzger aus Pegnitz hat es geschafft, Bratwürste mit einem Biergehalt von 20–25 % herzustellen, aber das Verfahren ist offenbar technisch sehr aufwendig und wird auch nicht verraten. Darum bedienen wir uns anderer Methoden, um Bier und Brät zu vereinen. Eine Möglichkeit lautet: Köfte! Sie nehmen wunderbare Röstaromen beim Grillen an. Denn die türkische Bratwurst braucht keinen Darm, der das Fleisch von weiteren Zutaten und der Grillhitze trennt.

ERGIBT CA. 6–8 SPIESSE

500 g Bratwurstgehäck
5 TL Meerrettich
2 TL getrockneter Majoran
1 TL gemahlener Kümmel
3–4 TL Salz
80 ml Kellerbier (Zwickel)
2–3 EL Mehl zum Arbeiten

UTENSILIEN

Grillspieße aus Holz

Das Bratwurstgehäck mit Meerrettich, Gewürzen und Bier gut verkneten. Die Masse auf einer bemehlten Fläche ausrollen und etwa 2 cm dicke Würste daraus formen, die etwas kürzer als die Grillspieße sein sollten. Die Spieße längs so hineinstecken, dass sie am Ende noch gut zu greifen sind. Die Köfte rundherum grillen.

Schmorbraten aus der Eifel

Von dem hat uns eine Studienkollegin immer vorgeschwärmt – gemacht hat sie ihn nie. Deswegen sind wir selbst zur Tat geschritten.

FÜR 4 PERSONEN

1 kg Schweinenacken (ohne Knochen)
Salz
4 Zwiebeln
1 Lorbeerblatt
4 Pimentkörner
5 EL Weinessig
500 ml dunkles Bier
5 EL Honig
½ EL Weizenmehl (nach Bedarf)

Das Fleisch mit Salz einreiben. Die Zwiebeln in Ringe schneiden. Beides zusammen mit Lorbeer und Piment in einen Bräter geben.

Essig und Bier mischen, den Honig einrühren. Die Hälfte davon über das Fleisch gießen. Deckel auf den Bräter und in den vorgeheizten Backofen (180 °C) damit. Etwa 1 Stunde darin schmoren lassen.

Wenn das Fleisch weich ist, aus dem Bräter nehmen und warm stellen.

Den Bräter mit einem Backpinsel ausstreichen und den entstehenden Bratenfond mit der restlichen Essig-Bier-Mischung aufgießen. Alles aufkochen.

Danach die Sauce durch ein Sieb passieren und einkochen lassen. Bei Bedarf Mehl unterrühren und die Sauce damit binden.

Dazu passen Kartoffeln oder fränkische Klöße.

Bierfleisch

Noch ein bayerischer Klassiker, der ganz einfach geht, diesmal mit Schweinefleisch.

FÜR 4 PERSONEN
500 g Schweinefleisch aus der Nuss
3 Stängel Majoran
3 Zweige Thymian
2 Zweige Rosmarin
Salz und schwarzer Pfeffer aus der Mühle
2 Zwiebeln
Butterschmalz zum Braten
1 EL Kümmelsamen
500 ml Bier
2 Scheiben Schwarzbrot

Das Fleisch in Würfel schneiden. Die Kräuter von den Stängeln streifen und frisch schneiden. Das Fleisch salzen, pfeffern und mit den Kräutern einreiben. Etwa 30 Minuten marinieren.

Die Zwiebeln vierteln. Das Butterschmalz in einem Topf erhitzen. Erst die Zwiebeln, dann die Fleischwürfel darin anbraten. Den Kümmel dazugeben und das Ganze mit 250 ml Bier aufgießen. Den Deckel auf den Topf und das Fleisch bei mittlerer Hitze etwa 30 Minuten schmoren lassen.

Das Schwarzbrot zerbröseln und mit dem restlichen Bier kurz vor Ende der Garzeit zugeben.

Dazu passt Kartoffelpüree.

Lagerfeuerschaschlik

Mit Lagerbier und feurig scharf.

FÜR 4 PERSONEN
800 g Schweinefleisch (aus dem Nacken)
200 ml Lager
2–3 EL rosenscharfes Paprikapulver
3–4 Zwiebeln
5–6 Peperoni (am besten bunt: rot, grün und gelb)

UTENSILIEN
Grillspieße aus Holz

Das Fleisch waschen und trocken tupfen, dann in 3–4 cm große Würfel schneiden, dabei das Fett dranlassen. In eine Schüssel geben. Bier und Paprikapulver gut verrühren und über das Fleisch gießen. Durchmischen, bis die Marinade gleichmäßig verteilt ist. Einige Stunden im Kühlschrank durchziehen lassen, währenddessen das Fleisch mehrmals wenden.

Die Zwiebeln vierteln, die Peperoni waschen, trocken tupfen und den Stiel abschneiden. Kerne und Trennwände gerne drinlassen – es darf scharf werden. Dann in ca. 3 cm lange Stücke schneiden.

Das Fleisch aus der Marinade nehmen und abwechselnd mit Zwiebeln und Peperoni auf Grillspieße stecken. Etwa 10–15 Minuten grillen, dabei mehrmals wenden.

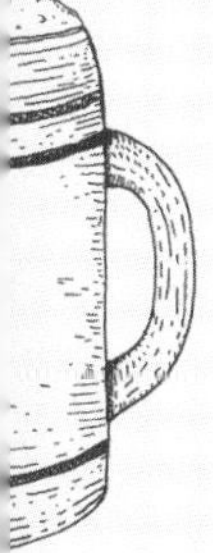

Weißbiersenf-Koteletts

FÜR 4 PERSONEN
4 Nackenkoteletts
4 EL süßer Senf
4 EL helles Hefeweizen
Salz

Die Koteletts waschen und trocken tupfen. Senf und Bier gut verrühren. Das Fleisch damit rundum einstreichen und mehrere Stunden im Kühlschrank marinieren.

Die Koteletts salzen und bei direkter Hitze von jeder Seite 3–4 Minuten grillen, danach bei indirekter Hitze nochmals 3–4 Minuten garen und schließlich zugedeckt 5–7 Minuten ruhen lassen.

TIPP

Das Fleisch am Rand leicht vom Knochen lösen, dann wölbt es sich nicht so stark.

Knusprige Schweinshaxe

Bayern pur! Mit vielen Fans in ganz Deutschland.

FÜR 4 PERSONEN
1 Schweinshaxe (ca. 1 ½ kg)
2 Knoblauchzehen
1 Zweig Rosmarin
1 Zweig Thymian oder Majoran (oder 1 TL gerebelt)
Salz und schwarzer Pfeffer aus der Mühle
1 TL Kümmelsamen
500 ml Bier (Hell, Lager oder Export), plus mehr nach Bedarf

Die Haxe gründlich waschen, gut abtrocknen und die Haut einritzen (der Bayer macht's in Rautenform). Den Knoblauch pressen, die Kräuter frisch schneiden.

Die Haxe salzen, pfeffern und mit Knoblauch, Kräutern und Kümmel einreiben.

In einem Bräter von allen Seiten gut anbraten, dann mit der Hälfte des Bieres ablöschen und in den vorgeheizten Ofen (180 °C) stellen. 2–2 ½ Stunden braten, dabei immer wieder mit Biersud übergießen oder einpinseln, dabei nach und nach den Rest vom Bier aufgießen (bei Bedarf noch eine weitere Flasche Bier öffnen).

Dazu kann's eigentlich nur Sauerkraut und Semmelknödel geben.

Kakao-Koteletts

FÜR 4 PERSONEN

4 große Nackenkoteletts
300–400 ml dunkles Bier
20 g Kakaopulver
Salz
1 Msp. Chilipulver oder Chiliflocken
1 TL Sonnenblumenöl

Die Koteletts am besten schon am Vortag waschen, trocken tupfen und in Bier einlegen, dann über Nacht im Kühlschrank marinieren. Wenn sie nicht ganz bedeckt sind, mehrmals wenden.

Am nächsten Tag das Kakaopulver mit 80 ml vom Marinadebier, etwas Salz, Chilipulver und Öl klümpchenfrei verrühren. (Den Rest vom Bier wegschütten oder bei nächster Gelegenheit eine Sauce oder Suppe damit kochen.) Die Kakaomasse sollte so zähflüssig sein, dass sie am Fleisch haften bleibt.

Die Koteletts gleichmäßig auf beiden Seiten mit der Kakaomasse bestreichen, dann von beiden Seiten je 3–4 Minuten grillen. Der Bierkakao sollte eine feste Kruste bilden. Das Fleisch danach bei indirekter Hitze weitere 3–4 Minuten garen, anschließend abgedeckt 3–4 Minuten ruhen lassen.

TIPP

Kakao hinterlässt Spuren. Am besten eine Bürste für den Grillrost und ein feuchtes Tuch bereithalten.

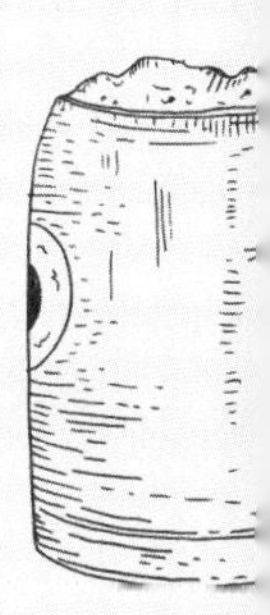

Süßscharf gefüllte Lende

FÜR 4 PERSONEN
1 Schweinefilet (Lende, 600–700 g)
100 g getrocknete Aprikosen
400 ml Märzen oder Export
5–6 Jalapeños
Salz
2–3 EL Olivenöl

UTENSILIEN
Zahnstocher zum Fixieren (nach Bedarf)

Das Fleisch waschen, trocken tupfen und überschüssiges Fett abschneiden, dann das Filet längs ungefähr bis zur Hälfte aufschneiden (nicht durchschneiden!).

Die Aprikosen in einer kleinen Schale in etwa 100 ml Bier einweichen. Den Rest vom Bier in eine größere Schüssel geben und das Schweinefilet darin einlegen. Beides für 24 Stunden in den Kühlschrank stellen.

Die Jalapeños waschen, putzen und in dünne Ringe schneiden, dabei die Kerne entfernen (wer's ganz scharf haben will, lässt die Scheidewände drin). Fleisch und Aprikosen aus dem Bier nehmen. Das Filet aufklappen, die Innenseiten leicht salzen. Aprikosen und Jalapeños hineinfüllen und das Fleisch wieder zuklappen. (Falls nötig, mit gewässerten Zahnstochern fixieren.) Die Außenseite leicht salzen und mit Öl bestreichen.

Das Filet nicht auf der heißesten Glut, sondern eher indirekt – dafür unbedingt mit geschlossenem Deckel – 25–30 Minuten grillen, dabei ein- bis zweimal wenden. Wenn das Filet durchgegart ist, das Fleisch mit Bier (von der Marinade oder frisch) bestreichen und 5 Minuten abgedeckt ruhen lassen. Die Lende in Scheiben schneiden und servieren.

Märzenfrische-Medaillons

FÜR 4 PERSONEN
1 Schweinefilet
(Lende, 600–700 g)
1–2 Zwiebeln
3–4 Knoblauchzehen
2–3 Zweige Thymian
200 ml Märzen
150 g Crème fraîche
2–3 EL mittelscharfer Senf
1–2 TL Salz

Das Filet waschen, trocken tupfen und den überschüssigen Fettrand entfernen. Das Fleisch in 3–4 cm dicke Scheiben (Medaillons) schneiden. Zwiebeln und Knoblauch schälen und klein schneiden, den Thymian waschen und trocken schütteln.

Aus Bier, Crème fraîche, Senf und Salz eine Marinade anrühren. Zwiebeln, Knoblauch und Thymianzweige dazugeben. Die Schweinemedaillons leicht flachdrücken und in die Marinade legen, dann 6–8 Stunden in den Kühlschrank stellen.

Die Medaillons aus der Marinade nehmen und leicht abtropfen lassen. Die Marinade (auf dem Herd oder in einem feuerfesten Topf auf dem Grill) zu einer Sauce einkochen. Zum Schluss die Thymianzweige entfernen. Das Fleisch 8–10 Minuten grillen, dabei zwei- bis dreimal wenden, dann mit der Sauce servieren.

Dazu passen am besten in der Glut gegarte Folienkartoffeln und ein bunter Salat.

Böhmischer Schweinebraten

Böhmisch zum Zweiten: Bier mag Schwein – und hier auch Knoblauch. Das ansonsten ganz puristische Rezept verriet uns Metzgermeister Erich Kolb.

FÜR 4 PERSONEN

1 kg Schweineschulter mit Schwarte
Salz und schwarzer Pfeffer aus der Mühle
½ TL Kümmelsamen
4 Knoblauchzehen
Öl zum Braten
500 ml Fleischbrühe
250 ml helles Bier

Das Fleisch waschen und trocken tupfen. Salz, Pfeffer und Kümmel vermischen, die Knoblauchzehen durchdrücken und dazugeben. Das Fleisch mit dieser Mischung einreiben. Etwas Öl in einem Bräter erhitzen und das Fleisch darin von allen Seiten kräftig anbraten. Mit Brühe aufgießen.

Den offenen Bräter in den vorgeheizten Backofen schieben (190 °C) und das Fleisch etwa 1 Stunde garen. Dabei mehrmals mit dem Bratensaft übergießen.

Den Braten aus dem Bräter nehmen und die Schwarte rautenförmig einschneiden. Den Braten mit der Schwarte nach oben zurück in den Bräter legen und nochmals etwa 45 Minuten braten. In den letzten 20 Minuten mehrmals mit dem Bier bestreichen.

Nach Ende der Bratzeit den Ofen ausschalten und den Braten darin noch etwa 15 Minuten ruhen lassen.

Dazu passen Kartoffelklöße.

Szegediner Gulasch

Für dieses ungarische Krautfleisch kann man Rinder-, Schweine- oder gemischtes Gulasch verwenden. Wir entscheiden uns für Schweinefleisch.

FÜR 4 PERSONEN

800 g Schweinefleisch (Schulter)
400 g Zwiebeln
2–3 Knoblauchzehen
100 g Schweinespeck
1 EL Tomatenmark
Salz
2 EL edelsüßes Paprikapulver, plus mehr nach Belieben
2 EL rosenscharfes Paprikapulver, plus mehr nach Belieben
400 ml Schwarzbier
500 g Sauerkraut
1 TL Kümmelsamen
200 g saure Sahne

Das Fleisch in mundgerechte Stücke würfeln. Die Zwiebeln in Ringe schneiden, diese noch einmal halbieren oder vierteln. Den Knoblauch grob hacken. Den Speck in einem großen, flachen Topf auslassen und wieder herausnehmen.

Das Fleisch darin von allen Seiten gut anbraten (wenn der Topf zu klein ist, in mehreren Etappen). Zwiebeln und Knoblauch mit andünsten und das Tomatenmark anschwitzen. Salzen, Paprikapulver darüberstreuen, gut durchmischen und mit Bier aufgießen.

Im zugedeckten Topf etwa 1 Stunde schmoren. In dieser Zeit den ausgelassenen Speck fein würfeln und zugeben. Dann Kraut und Kümmel dazu, gut durchrühren und nochmals 30 Minuten garen. Den Herd abschalten. Wenn das Gulasch aufgehört hat zu kochen, die saure Sahne unterrühren, gegebenenfalls mit Salz und Paprika abschmecken.

Dazu passen am besten Kartoffeln.

Bratwurst Berlin

Dass Bratwurst auch mit Sauce gut schmeckt, beweisen die Berliner mit diesem Rezept.

FÜR 4 PERSONEN

4 große Bratwürste
Butterschmalz zum Braten
125 ml Schwarzbier
50 g Lebkuchen oder Saucenbrot
1 Zwiebel
Salz und schwarzer Pfeffer aus der Mühle
Saft von ½ unbehandelten Bio-Zitrone
Zucker

Die Bratwürste in heißem Butterschmalz rundum goldbraun braten. Herausnehmen und warm stellen.

Das Schwarzbier in die Pfanne geben und mit einem Backpinsel den Bratsatz lösen.

Die Lebkuchen reiben. Die Zwiebel sehr fein hacken. Beides zum Bier geben. Etwa 10 Minuten bei mittlerer Hitze einkochen lassen. Mit Salz, Pfeffer, Zitronensaft und Zucker abschmecken.

Die Bratwürste in die Sauce geben und heiß werden lassen.

Dazu passt Kartoffelpüree.

Schinken in Bierteig

Der wurde einst im »Lupinenhof« im fränkischen Seenland von Seniorchefin Johanna Schwab zum Spargelsalat gereicht.

FÜR 4 PERSONEN

4 Scheiben gekochter Schinken (ca. 2–3 mm dick)
Butterschmalz zum Ausbacken

FÜR DEN BIERTEIG

200 g Weizenmehl
2 Bio-Eigelb
3 EL Öl
250 ml dunkles Bier
1 Prise Salz
2 Bio-Eiweiß

Mehl mit den Eigelben, Öl, Bier und Salz zu einem leicht flüssigen, glatten Teig verrühren. Diesen anschließend bei Zimmertemperatur 30 Minuten ruhen lassen.

Die Eiweiße zu Eischnee schlagen und unterheben. Die Schinkenscheiben in den Teig tauchen und wenden, sodass beide Seiten von Teig ummantelt sind. Das Butterschmalz heiß machen und den Schinken darin goldbraun ausbacken.

Dazu passen Salzkartoffeln.

Blaue Zipfel

Das Blau hat hier erst mal nichts mit dem Rausch zu tun. Blaue Zipfel sind eine umstrittene fränkische Spezialität: Die einen lieben sie, die andern ganz und gar nicht. Es handelt sich um Bratwürste, die eben nicht gebraten, sondern in einem Essigsud erhitzt werden. Wie gesagt, wer's liebt – und wenn man Wasser in Bier verwandelt, dann schmeckt's auch uns.

FÜR 4 PERSONEN

1 Bund Suppengrün (Lauch, Karotte, Knollensellerie)
3 große Gemüsezwiebeln
3 Lorbeerblätter
1 TL Wacholderbeeren
1 TL schwarze Pfefferkörner
100 ml Weißweinessig
500 ml helles Bier (kein herbes Pils)
1 Prise Zucker
Salz
8 fränkische Bratwürste

Das Suppengrün putzen und klein schneiden. Die Zwiebeln in Ringe schneiden und in einen Topf werfen. Lorbeerblätter, Wacholderbeeren und Pfefferkörner dazugeben. Mit Essig und Bier aufgießen, zuckern, salzen und alles etwa 30 Minuten lang kochen. Den Herd herunterdrehen, bis der Sud nicht mehr kocht. Die Bratwürste in den Sud legen und etwa 20 Minuten darin ziehen lassen. Der Sud darf leicht sieden, aber nicht mehr kochen, sonst platzen die Würste.

Die Blauen Zipfel kommen im Sud auf den Tisch, und jeder kann so viel davon löffeln, wie er will.

Dazu passt am besten ein würziges Bauernbrot.

Lauchauflauf

FÜR 4 PERSONEN
200 g durchwachsener Schinkenspeck
400 g festkochende Kartoffeln
2–3 Stangen Lauch (Porree)
1 Prise Salz und schwarzer Pfeffer aus der Mühle (nach Belieben)
150 g Bergkäse
100 g saure Sahne
150 ml Braunbier

Den Speck in 1 cm dicke Stifte schneiden und in einer Pfanne auslassen. Mit dem Fett eine Auflaufform ausstreichen.

Die Kartoffeln schälen und in 1 cm dicke Scheiben schneiden. Den Lauch waschen, putzen und in 1–2 cm dicke Ringe schneiden. Die gefettete Form mit einer Schicht Kartoffeln auslegen, Lauch und Speckstifte drüber und wieder eine Schicht Kartoffeln. Pfeffern und salzen sollte wegen des Specks und des Käses eigentlich nicht nötig sein. Den Käse reiben und darüberstreuen.

Sahne und Bier vermischen, über den Auflauf gießen und 20–30 Minuten in den vorgeheizten Ofen (200 °C) stellen. Eventuell am Ende auf Oberhitze schalten, wenn der Käse noch etwas Farbe annehmen soll.

TIPP

Den Auflauf kann man auch mit einer Bierchamelsauce (s. Seite 31) machen. Dann nimmt man weniger Käse und lässt im Auflaufrezept natürlich Sahne und Bier weg.

AZ – Anjas Zucchini

Nichte Anja war von unserer Bierkocherei so angetan, dass sie in ihrer Studentenküche mit Freunden gleich selbst experimentiert hat. Das Ergebnis erinnert stark an die Art, wie wir zu Studentenzeiten auch gerne gekocht haben: günstig, aber gut, und dazu noch mit gesundem Gemüse. – Nur auf die Idee mit dem Bier im Essen waren wir damals nicht gekommen.

FÜR 4 PERSONEN

250 g Reis
1–2 Zucchini
150 g Champignons
2–3 Tomaten
200 g gekochter Schinken
1–2 EL Olivenöl zum Braten
Salz und schwarzer Pfeffer aus der Mühle
1 Prise getrockneter Rosmarin
150–200 ml Rauchbier
1–2 mittelscharfe Chilischoten

Den Reis bissfest kochen und beiseitestellen.

Die Zucchini waschen, putzen und würfeln, die Champignons putzen und vierteln. Die Tomaten schälen (oder auch nicht) und würfeln, nur das feste Fleisch verwenden. Den Schinken ebenfalls würfeln.

Erst die Zucchini, dann die Pilze in einer großen Pfanne oder einem Topf in Olivenöl anbraten, Tomaten und Schinken zugeben, 1–2 Minuten mit anschwitzen, danach den Reis dazu. Mit Salz, Pfeffer und Rosmarin würzen und mit Bier aufgießen. Durchrühren und 15–20 Minuten köcheln lassen. In dieser Zeit die Chilis in grobe Stücke hacken (damit die, denen es zu scharf ist, sie beim Essen besser erkennen und entfernen können) und hinzufügen.

TIPP

Weil Anja gerade vom Bamberg-Besuch kam, hat sie ein Rauchbier verwendet. Das Gericht funktioniert aber auch mit Kellerbier, Lager, Alt oder Schwarzbier.

Bohnakern mit Rauchfleisch

Das macht den Franken so richtig satt. Und dazu gibt's ein würziges fränkisches Bier.

FÜR 4 PERSONEN

400 g getrocknete Feuer- oder Wachtelbohnen (große weiße Bohnen gehen auch)
1–1½ l Kellerbier (Zwickel) oder Lager
1 TL schwarzer Pfeffer aus der Mühle
2 Gewürznelken
4 Wacholderbeeren
1 Lorbeerblatt
600 g geräucherter Schweinebauch
1 Zwiebel
2 EL Butter
2 EL Weizenmehl
1 Prise Salz
1 Prise Zucker
1–2 EL Bier-, Apfel- oder Weinessig

Die Bohnen gut waschen und über Nacht im Bier einweichen.

Am nächsten Tag die Bohnen im Bier aufsetzen und langsam zum Kochen bringen, gegebenenfalls den Schaum abschöpfen. Pfeffer, Nelken, Wacholderbeeren und Lorbeerblatt zugeben und alles gut 1 Stunde köcheln lassen.

Das Rauchfleisch in 1–2 cm dicke Stifte schneiden und in einer heißen Pfanne auslassen. Die Zwiebel fein würfeln und mit anbraten. Mit etwas Bohnensud ablöschen, alles zusammen zu den Bohnen geben und weitere 1½–2 Stunden köcheln.

Die Butter in der Pfanne zerlassen, das Mehl dazugeben und etwa 5 Minuten eine leicht braune Mehlschwitze anrühren. Dann mit etwas Bohnensud ablöschen. Schließlich die Mehlschwitze in den Topf oder die Bohnen in die Pfanne geben und gut verrühren. Mit Salz, Zucker und etwas Essig abschmecken.

In Franken gibt's dazu grüne Klöße (rohe Kartoffelklöße). Bratkartoffeln oder ein kräftiges Bauernbrot passen aber auch dazu.

TIPP

Hülsenfrüchte im Einweichwasser oder in frischem Wasser kochen? An dieser Frage scheiden sich die Geister. Blähungen riskieren oder wertvolle Inhaltsstoffe wegkippen? Wir wollen hier neutral bleiben, aber im Falle von Einweichbier entscheiden wir uns klar fürs Mitkochen.

Spaghetti Bocklognese

Nicht nur fürs Wortspiel: Hier braucht's wirklich ein kräftiges Bockbier.

FÜR 4 PERSONEN

400 g gemischtes Hackfleisch
Olivenöl zum Braten
1 Zwiebel
1 Knoblauchzehe
1 EL Tomatenmark (dreifach konzentriert)
150 ml dunkles Bockbier
Salz und schwarzer Pfeffer aus der Mühle
1 kleiner Zweig Rosmarin
2 EL gerebelter Oregano
425 ml grob pürierte Tomaten (aus der Dose)
400–500 g Spaghetti
Parmesan zum Servieren

Das Fleisch in reichlich Olivenöl in einer hohen Pfanne oder einem Topf anbraten, möglichst feinkörnig zerteilen. Zwiebel und Knoblauch fein hacken und dazugeben. Gut durchmischen. Am Pfannenboden etwas Platz schaffen. Das Tomatenmark in der zurücklaufenden Bratflüssigkeit etwa 1 Minute anschwitzen, dann mit dem Bier ablöschen. Salzen, pfeffern und die ganze Masse gut vermischen. Rosmarinnadeln frisch schneiden, zusammen mit dem Oregano ab in die Pfanne bzw. den Topf, pürierte Tomaten drüber und alles gut durchmischen. Das Ganze soll mindestens 30 Minuten, darf aber gerne auch 1 ganze Stunde mit Deckel drauf leicht köcheln.

Die Spaghetti nach Packungsanleitung in Salzwasser (kein Öl!) kochen. Den Parmesan reiben und zum Bestreuen dazureichen.

Dazu passt ein grüner Blattsalat.

TIPP

Am besten machen sich grob pürierte Tomaten (Passata rustica). Wer nur ganze Tomaten oder Stücke zur Hand hat, kann mit dem Pürierstab nachhelfen. Natürlich kann man auch frische Tomaten nehmen. Aber so vollreif, wie sie sein sollen, kriegt man sie wirklich nur zur Hochsaison und in richtig heißen Sommern.

Gebackenes Lamm

Hier wird der Bierteig mal mit Fleisch verwendet.

FÜR 4 PERSONEN
1 ½ kg Lammfleisch (Schulter, Hals oder Brust)
Öl zum Frittieren

FÜR DEN TEIG
150 g Weizenmehl
250 ml Bier
1 EL Öl
Salz
2 Bio-Eiweiß

FÜR DEN SUD
1 Zwiebel
10 Gewürznelken
100 g Karotten
100 g Lauch
1 unbehandelte Bio-Zitronenscheibe
Salz

Mehl, Bier, Öl und Salz zu einem glatten Teig verrühren. Die Eiweiße steif schlagen und unterziehen.

Für den Sud die Zwiebel mit den Nelken spicken, die Karotten schälen und in grobe Stücke schneiden, den Lauch waschen und ebenfalls grob schneiden. 2 l Wasser zum Kochen bringen. Das Gemüse und die Zitronenscheibe dazugeben. Alles salzen.

Das Fleisch in große Würfel schneiden und im Sud etwa 20 Minuten ziehen lassen. Dann herausnehmen und in einem Sieb abtropfen. Die noch warmen Fleischstücke in den Teig tauchen und im heißen Fett goldgelb frittieren. Herausnehmen und auf Küchenkrepp abtropfen lassen.

Dazu passt Kartoffelsalat.

Lammspieße

Für dieses Gericht haben wir uns von den köstlichen Spießen, die unser türkisches Stammrestaurant auftischt, inspirieren lassen.

FÜR 4 PERSONEN
800 g Lammfleisch (aus der Keule)
15–20 Knoblauchzehen (nach Belieben)
1 große rote Paprikaschote
200 g Joghurt
100 ml Schwarzbier
1 TL gemahlener Kreuzkümmel
1 TL Pul Biber (türkisches Chiligewürz)

UTENSILIEN
Grillspieße aus Holz

Das Fleisch in etwa 3 cm große Würfel schneiden. Den Knoblauch schälen. Die Paprika waschen, halbieren, putzen und in mundgerechte Stücke schneiden. Fleisch, Knoblauch und Paprika abwechselnd auf Grillspieße stecken.

Aus Joghurt, Bier und Gewürzen eine Marinade anrühren. In eine flache Schüssel geben und die Spieße darin mehrere Stunden im Kühlschrank marinieren, dabei mehrmals wenden.

Die Spieße aus der Marinade nehmen und etwas abtropfen lassen. Unter mehrfachem Wenden 10–15 Minuten grillen.

Die Sommersauce (s. Seite 37) passt gut dazu.

Lammkeule mit Rosmarin

Ein Gericht aus Norddeutschland, das sich auch gut mit bayerischem Bier verträgt.

FÜR 4 PERSONEN
2 Knoblauchzehen
200 g Karotten
200 g Knollensellerie
2 Tomaten
1 Zweig Rosmarin
1 Lammkeule (ca. 3 kg)
Salz und schwarzer Pfeffer aus der Mühle
Öl zum Braten
125 ml Pils oder Münchner Helles
250 ml Fleischbrühe
30 g kalte Butter
je 4 Stängel Kerbel, Petersilie und Majoran

Knoblauch, Karotten und Sellerie schälen und würfeln. Die Tomaten vierteln, die Rosmarinnadeln hacken.

Die Lammkeule mit Rosmarin, Salz und Pfeffer einreiben. Öl in einem Bräter erhitzen und die Keule darin von allen Seiten anbraten. Das Gemüse dazugeben und kurz mitbraten.

Alles in den vorgeheizten Backofen (200 °C) schieben und etwa 2 Stunden garen. Mehrmals wenden. Wenn das Fleisch weich ist, herausnehmen und in Alufolie wickeln.

Den Bratenfond durch ein Sieb in einen Topf passieren. Den Bräter mit einem Backpinsel ausstreichen und mit etwas Bier ausspülen. Das Ganze ebenfalls durch das Sieb gießen. Restliches Bier und die Fleischbrühe hinzufügen und einkochen lassen. Vom Herd nehmen und die Butter unterrühren. Die gehackten Kräuter hineinstreuen.

Dazu passen grüne Bohnen und Salzkartoffeln.

Besoffenes Schaf

Hier nun die zweite Version der bierigen Köfte (s. Seite 93), diesmal mit Lammfleisch.

FÜR 4 PERSONEN
1 altbackenes Brötchen
100 ml helles Bockbier
500 g Lammhackfleisch
1 TL Oregano
1 TL Knoblauchpulver
1 TL Salz

UTENSILIEN
Grillspieße aus Holz

Das Brötchen im Bier einlegen und darin wenden, bis es gut vollgesogen ist. Leicht ausdrücken (die Flüssigkeit auffangen) und fein zerrupfen. Mit dem Fleisch und den Gewürzen gut vermengen. Vom abgetropften Bier noch so viel zugeben, bis die Masse bindet.

Aus der Masse etwa 2 cm dicke Würste formen und auf Grillspieße stecken. Über heißer Glut von allen Seiten ca. 2 Minuten braten.

Wir empfehlen dazu unsere Knoblaise (s. Seite 41).

Wildschwein in Rauchbiersauce

Ist kein Rauchbier zur Hand, schmeckt der Schwarzkittel auch in Schwarzbier.

FÜR 4 PERSONEN

1–1 ½ kg Wildschweinkeule
3–4 EL Honig, plus mehr nach Belieben
Salz und schwarzer Pfeffer aus der Mühle
1 l Rauchbier
1 TL Kümmelsamen
4 Wacholderbeeren
2 Lorbeerblätter
4 Karotten
2 Zwiebeln
Bratöl oder Schweineschmalz zum Braten
Saucenbinder (bei Bedarf)

Das Fleisch waschen, trocken tupfen, mit Honig einreiben, salzen und pfeffern. Das Bier in eine Schüssel gießen. Kümmel, Wacholderbeeren und Lorbeerblätter hinein, Karotten und Zwiebeln in groben Stücken dazu und das Fleisch darin mindestens 1 Tag abgedeckt im Kühlschrank marinieren. Wenn das Fleisch nicht ganz bedeckt ist, sollte es mehrfach gewendet werden.

Das Fleisch aus der Marinade heben und gut abtropfen lassen. Dann in Öl in einem Bräter kräftig von allen Seiten anbraten. Das Gemüse aus der Marinade dazugeben, mit etwa der Hälfte der Marinade aufgießen und alles stark einkochen.

Den Bräter in den vorgeheizten Ofen (160 °C) stellen. Das Fleisch 2–3 Stunden schmoren, dabei immer wieder wenden und mit der restlichen Biermarinade übergießen.

Wenn das Fleisch mürbe ist, herausnehmen, in Alufolie einschlagen und in der Restwärme des ausgeschalteten Ofens ruhen lassen.

Den Bratensud mit dem Gemüse durch ein Sieb passieren. Nach Bedarf mit Saucenbinder abbinden oder mit Bier verflüssigen. Die Sauce soll sämig sein. Mit Salz, Pfeffer und Honig abschmecken.

Rehrücken

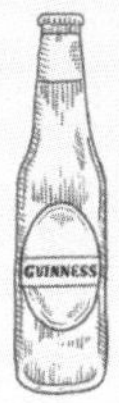

Frisches und zartes Rehfleisch braucht eigentlich nicht gebeizt zu werden. Das machte man früher, um den »Hautgout« von zu lange und zu warm abgehangenem Wild zu überdecken. Wir machen's trotzdem, denn das Bier gibt dem Tier das gewisse Extra.

FÜR 4 PERSONEN

1 ½ kg Rehrücken
1 Bund Suppengrün
1 Zwiebel
4–6 Wacholderbeeren
2 Lorbeerblätter
500 ml Altbier oder dunkler Bock
Salz und schwarzer Pfeffer aus der Mühle
150 g durchwachsener Speck (in dünnen Scheiben)
2–3 EL Sahne

Das Fleisch waschen, häuten und von Sehnen befreien.

Das Suppengrün putzen und würfeln, die Zwiebel vierteln. Das Gemüse mit Wacholderbeeren und Lorbeerblättern in 250 ml Wasser aufkochen. Mit Bier ablöschen. Die Beize ziehen und abkühlen lassen. Den Rehrücken in einem verschließbaren Behälter mit der Beize übergießen oder alles zusammen in einen fest verschließbaren Plastikbeutel (z. B. Gefrierbeutel) geben. Im Kühlschrank oder an einem kühlen Ort 1–2 Tage marinieren. Das Fleisch bzw. den Beutel mehrmals wenden.

Fleisch und Gemüse aus der Marinade nehmen. Die Marinade im Topf aufkochen und etwa auf die Hälfte reduzieren.

Den Rehrücken abtrocknen, mit Salz und Pfeffer einreiben und in einen Bräter legen. Das Gemüse dazugeben, den Rehrücken mit Speckstreifen belegen und mit einem Viertel der Marinade übergießen. Den offenen Bräter in den vorgeheizten Ofen (180–200 °C) schieben. Das Fleisch nach 15 und nach 30 Minuten jeweils mit einem weiteren Viertel der Marinade übergießen. Nach 40–45 Minuten ist der Braten fertig. Den Rehrücken herausnehmen, Speck entfernen, in Alufolie einschlagen und ruhen lassen. Den gesamten Bratensatz mit der restlichen Marinade lösen und durch ein Sieb passieren. Den Speck klein geschnitten in die Sauce geben, mit Salz und Pfeffer abschmecken und mit Sahne verfeinern.

Das Fleisch vom Knochen lösen und in Scheiben schneiden.

Schwarzer Geier

Der Name wurde aus einer Bierlaune geboren. Dahinter steckt Hähnchenbrust auf Gemüsebett, in Schwarzbier geschmort.

FÜR 4 PERSONEN

4 Hähnchenbrüste
1 TL Paprikapulver
1 Prise Zimtpulver
Salz und schwarzer Pfeffer aus der Mühle
Öl
400 ml Schwarzbier, plus mehr nach Bedarf
300 g Karotten
250 g Fenchel
300 g Champignons
1 Zwiebel

Die Hähnchenbrüste waschen und trocken tupfen. Paprikapulver, Zimt, Salz und Pfeffer in einem Teller mischen und das Hähnchen darin von allen Seiten wälzen.

Etwas Öl in einer Pfanne erhitzen und die Hähnchenbrüste 3 Minuten von allen Seiten anbraten. Die Hitze abdrehen. Das Hähnchen aus der Pfanne nehmen und das Bier hineingießen. Mit einem Backpinsel die Bratrückstände mit dem Bier vermischen.

Karotten schälen und in Scheiben, Fenchel putzen und in kleine Stücke schneiden. Champignons putzen und vierteln. Zwiebel halbieren und in Scheiben schneiden.

Karotten und Fenchel in einen Bräter geben, salzen und mit 1 EL Öl beträufeln. In den vorgeheizten Ofen (180 °C) schieben und etwa 15 Minuten garen lassen. Dann die Pilze und die Zwiebel dazugeben, alles vermischen und die Hähnchenbrüste obenauflegen. Das Ganze mit dem Bier-Bratenfond übergießen und 20 Minuten schmoren. Wenn es zu trocken zu werden droht, einfach noch etwas Bier darübergießen.

Dazu passt Weißbrot.

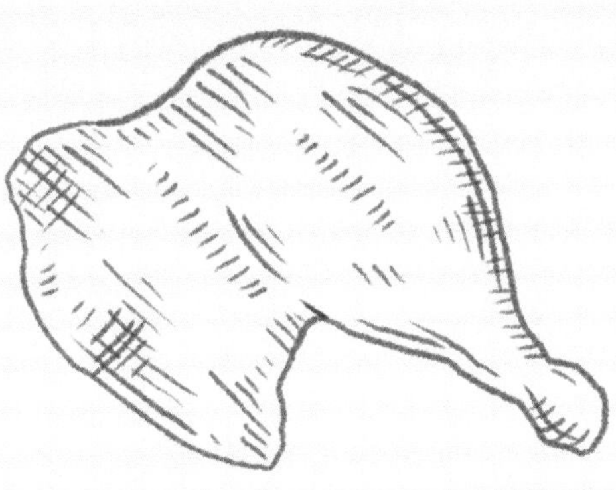

Chocolate-Chicken-Chips

Eine pikante Knabberei.

FÜR 4 PERSONEN
ca. 20 Chickenwings
Salz
3–4 EL Olivenöl
20 g Kakaopulver
100 ml helles Lager oder Export

Die Hähnchenflügel waschen und trocken tupfen, wenn nötig, die Flügelspitzen abschneiden. Dann die Chickenwings in einer Schale gleichmäßig salzen und mit Öl bestreichen, dabei öfter wenden.

Aus Kakaopulver und Bier eine Sauce anrühren. Die Flügel für 10–15 Minuten auf den Grillrost legen (bis die Haut knusprig ist). Anschließend herunternehmen, in die Schokoladensauce tunken und für weitere 5–7 Minuten auf den Grill zurücklegen.

Paprikahähnchen

Ein schnelles, leichtes Sommeressen, zu dem auch ein Bier im Glas gut schmeckt.

FÜR 4 PERSONEN
6 rote Paprikaschoten
2 Knoblauchzehen (ungeschält)
5 EL Olivenöl zum Braten
250 ml Bier
4 Hähnchenkeulen
Salz und schwarzer Pfeffer aus der Mühle

Die Paprika waschen, vierteln und putzen. Zusammen mit dem Knoblauch in 4 EL Olivenöl kurz anbraten. Mit dem Bier aufgießen und etwa 30 Minuten köcheln lassen.

Nach Belieben die Paprikaschoten herausnehmen und häuten. Wieder zum Bier geben und warm stellen.

Die Hähnchenkeulen auslösen, dabei die Haut nicht abziehen. In jeweils drei Stücke schneiden. In einer ofenfesten Pfanne das Fleisch mit der Hautseite nach unten in 1 EL Olivenöl scharf anbraten. Dann das Fleisch mit Salz und Pfeffer würzen, die Pfanne in den vorgeheizten Backofen (200 °C) schieben und etwa 15 Minuten garen lassen.

Das Fleisch mit der Paprika auf Tellern anrichten. Mit dem Biersud und dem Fett aus der Bratpfanne übergießen.

Dazu passen Nudeln.

Honigbier-Hähnchen

Nein, hier geht es nicht um Met. Das Bier im Honig macht's.

FÜR 4 PERSONEN
4 Hähnchenbrustfilets (à 200–250 g)
4 EL Honig
5 EL Märzen oder Export
1 EL rosenscharfes Paprikapulver
1 TL Salz

Die Hähnchenfilets gut waschen und trocken tupfen. Blutige Stellen und Fettränder abschneiden.

Honig, Bier, Paprikapulver und Salz gut verrühren. Das Fleisch rundum damit bestreichen und 2–3 Stunden im Kühlschrank marinieren lassen.

Die Filets von jeder Seite 2–3 Minuten bei starker, direkter Hitze grillen, dann indirekt bei geschlossenem Deckel in 12–15 Minuten fertig garen.

TIPP

Zum Grillen sind kleinere Filets geeigneter, da sie schneller durchgaren. Wenn man sie vor dem Marinieren sanft, aber kräftig platt drückt, verkürzt das die Garzeit weiter.

Märzen-Gockel

Kann man natürlich auch im April, Mai, Juni und allen anderen Monaten machen. Und auch mit anderem Bier, wie z. B. einem kräftigen Export oder einem hellen Bockbier.

FÜR 4 PERSONEN
4 Hähnchenkeulen
Salz und schwarzer Pfeffer aus der Mühle
4 EL Olivenöl zum Braten
1 Zwiebel
Puderzucker zum Bestäuben
200 g Karotten
200 g Knollensellerie
200 g Champignons
2 Knoblauchzehen (ungeschält)
250 ml Märzenbier
3 Zweige Thymian
2 Zweige Rosmarin

Das Hähnchen salzen, pfeffern und kurz in einem Bräter in heißem Olivenöl anbräunen lassen. Dann herausnehmen.

Zwiebel fein hacken, hineingeben und mit Puderzucker bestäuben. Das Gemüse putzen. Karotten und Sellerie würfeln, Champignons vierteln. Knoblauchzehen andrücken und mit dem Gemüse hinzufügen.

Die Keulen wieder hineinlegen und alles mit dem Bier ablöschen. Die Kräuter von den Zweigen zupfen, hacken und darüberstreuen. Abgedeckt im vorgeheizten Backofen (180 °C) etwa 35 Minuten schmoren.

Ofenkartoffeln passen gut dazu oder ganz einfach frisches Baguette.

Erdnusshähnchen

Die Dickers-Schwester Christine hat uns mit ihren thailändischen Saté-Spießen auf diese nussige Grillidee gebracht.

FÜR 4 PERSONEN

500–600 g Hähnchenbrustfilet
2–3 EL Erdnussmus (aus dem Glas)
100 ml Kokosmilch
100 ml Porter oder malzbetontes dunkles Bockbier
1 TL gemahlener Koriander
1 TL gemahlener Kreuzkümmel
1 walnussgroßes Stück frischer Ingwer
Salz (nach Belieben)

UTENSILIEN

Grillspieße aus Holz

Die Hähnchenbrustfilets säubern, waschen, trocken tupfen und in ca. 2 cm breite Streifen schneiden. Das Erdnussmus in einem kleinen Topf erwärmen, bis es leicht flüssig wird. Von der Hitze nehmen und mit Kokosmilch, Bier und Gewürzen gut verrühren. Den Ingwer schälen und mit einer feinen Reibe hineinreiben. Wenn das Erdnussmus ungesalzen ist, noch ein wenig Salz unterrühren.

Die Marinade in eine flache Schüssel geben. Das Hähnchenfleisch mit der schmalen Seite auf die Spieße stecken, damit es möglichst flach liegt und auf dem Grill schnell durchgart.

Die Spieße in die Marinade legen und für 2 Stunden in den Kühlschrank stellen. 10–15 Minuten vor dem Grillen wieder aus dem Kühlschrank nehmen und Zimmertemperatur annehmen lassen. Die Spieße ca. 1–2 Minuten grillen, dabei mehrmals wenden.

TIPP

Aus der überschüssigen Marinade kann nebenher im feuerfesten Topf zusätzlich eine Saté-Sauce gekocht werden.

Bierhintern-Hähnchen

Wir wollten nicht ganz so derb sein wie die Amerikaner. Die nennen ein Huhn, das auf einer Bierdose gegrillt wird, »beer butt chicken«. Auf das Wort mit A verzichten wir ebenso wie auf die Dose. Stattdessen führen wir dem Grillhähnchen ein gespültes, kleines Einmachglas (ca. 2–3 cm Ø, 6–10 cm Höhe) ein – das ist frei von Druckfarben und nicht zu hoch für den Grilldeckel.

FÜR 4 PERSONEN

1 kleines küchenfertiges Hähnchen (ca. 1,2 kg)

FÜR DIE MARINADE

2 Knoblauchzehen
1 kleine Zwiebel
3 Lorbeerblätter
1 EL getrockneter Oregano
3 EL Sojasauce
¾ l Bier
3 EL Salz
1 EL schwarzer Pfeffer aus der Mühle
2 EL Zucker

FÜR DIE EINREIBMISCHUNG

1 TL Cayennepfeffer
1 TL getrockneter Thymian
1 TL getrockneter Rosmarin
2 TL edelsüßes Paprikapulver
1 EL Zucker
1 TL Salz
1 TL schwarzer Pfeffer aus der Mühle

FÜR DAS GLAS IM HÄHNCHEN-HINTERN

1 kleines Einmachglas (so groß, dass es leicht ins Hähnchen gesteckt werden kann)
150 ml Bier

Das Hähnchen waschen und trocken tupfen.

Knoblauch und Zwiebel fein hacken. Zusammen mit den anderen Zutaten für die Marinade in einer großen Schüssel vermischen. Das Hähnchen hineinlegen und mehrfach wenden, sodass es rundum mit der Flüssigkeit in Kontakt kommt. Die Schüssel abdecken und für 24 Stunden in den Kühlschrank stellen, dabei das Hähnchen ab und zu wenden.

Am nächsten Tag alle Zutaten für die Einreibmischung miteinander vermengen. Das Hähnchen aus der Marinade nehmen und mit Küchenpapier trocken tupfen. Danach von allen Seiten mit der Gewürzmischung einreiben.

Das Einmachglas mit Bier füllen und das Hähnchen daraufsetzen. Zusammen auf eine Grillschale und dann auf den Rost stellen. Bei geschlossenem Deckel 60–75 Minuten garen.

TIPP

Ein Grillthermometer ist hier hilfreich. Die Temperatursonde in die dickste Stelle des Hähnchens stechen (meist die Brust). Wenn das Thermometer 72 °C anzeigt, ist das Hähnchen gar. Alternativ mit einem scharfen Messer hineinstechen. Wenn der austretende Fleischsaft hell und klar ist, ist das Hähnchen gar.

Flaschen-Hähnchen

Zum ersten Mal haben wir das in einer Fernsehsendung über Polen gesehen. Als wir es ausprobiert haben, waren wir begeistert: Das Hähnchen wird sehr knusprig. Die Bierflasche sollte man vorher in Wasser einweichen, um das Etikett zu entfernen – und sie danach sehr gründlich waschen.

FÜR 4 PERSONEN

1 Brathähnchen (ca. 1,2 kg)
3 Knoblauchzehen
2 TL rosenscharfes Paprikapulver
2 TL edelsüßes Paprikapulver
1 TL Salz
½ TL Chilipulver
80 ml Olivenöl
100 ml helles Bier
1 Zwiebel
250 ml Gemüsebrühe

UTENSILIEN

Rouladenspieß

Das Hähnchen waschen und trocken tupfen. Den Knoblauch hacken. Die Gewürze mit dem Knoblauch in einer Schale mischen. Das Hähnchen von außen kräftig mit der Gewürzmischung einreiben.

Den Rest der Gewürzmischung mit dem Olivenöl und dem Bier in die Flasche füllen. Den Hals des Hähnchens mit einem Rouladenspieß verschließen, dann auf die Bierflasche setzen.

Die Zwiebel grob hacken und in eine Auflaufform geben. Die Gemüsebrühe dazugießen.

Die Flasche mit dem Hähnchen in die Auflaufform stellen. Alles in den vorgeheizten Backofen (180 °C) auf die unterste Schiene geben. Etwa 60 Minuten backen.

Das Hähnchen von der Flasche nehmen und zerteilen. Die Zwiebeln und das Bratfett durch ein Sieb passieren, das ergibt eine Sauce.

Dazu passt Weißbrot.

TIPP

Ein bisschen skeptisch waren wir vorher schon, was die Glasflasche betrifft. Aber durch die gleichmäßige Hitze scheint wohl keine Gefahr zu bestehen, dass sie platzt. Garantieren können wir das aber nicht!

Coq au Bock

Weil der Hahn im Original in Rotwein schwimmt, passt ein Bockbier am besten. Es darf aber auch ein kräftiges helles Export oder ein dunkles Bier sein.

FÜR 4 PERSONEN

4–8 Hähnchenkeulen (oder 1–2 Hähnchen geviertelt, je nach Größe und Appetit)
200 g kleine Schalotten
200 g kleine Champignons
5–10 Knoblauchzehen
je 1 TL Salz und schwarzer Pfeffer aus der Mühle
1 TL Zucker
2 Zweige Thymian oder Rosmarin
2 Lorbeerblätter
500–750 ml Bockbier
Weizenmehl
Olivenöl zum Braten
1 EL Tomatenmark
250 ml Hühnerbrühe
10–20 g Butter (nach Bedarf)

Die Hähnchenteile waschen, trocken tupfen und an einigen Stellen die Haut einritzen.

Wer will, kann sofort weitermachen – besser ist es aber, das Hähnchen über Nacht zu marinieren. Dazu geputztes Gemüse, Gewürze und die Geflügelteile in eine Schüssel geben, mit Bier übergießen, abdecken und in den Kühlschrank stellen.

Am nächsten Tag über einem Sieb abgießen, die Marinade auffangen. Die Hähnchenteile herausnehmen, gut abtropfen lassen und in Mehl wenden.

Und jetzt kommen die beiden Variationen langsam wieder zusammen: Das Hähnchen in Olivenöl in einem feuerfesten Topf von allen Seiten gut anbraten und wieder herausnehmen. Das Gemüse im Topf anbraten, dabei das Tomatenmark mit anschwitzen. Das Hähnchen wieder hinzufügen. Wer nicht mariniert hat, gibt jetzt auch die Gewürze hinein.

Mit Marinade bzw. Bier und Hühnerbrühe aufgießen. Kräftig aufkochen lassen.

Den Topf für etwa 30 Minuten in den vorgeheizten Ofen (220 °C) stellen.

Dann herausnehmen und nach Bedarf Butter zum Abbinden in die Sauce rühren.

Dazu passt Kartoffelpüree oder einfach nur Weißbrot zum Tunken.

Weihnachtsgans

FÜR 4 PERSONEN

1 küchenfertige Gans (ca. 4 kg)
Salz und schwarzer Pfeffer aus der Mühle
2 große Äpfel
2 Zwiebeln
3 Zweige Beifuß
3 Zweige Thymian
750 ml Festbier oder Dunkles
2–3 Karotten

Die Gans waschen, trocken tupfen und loses Fett (etwa an der Bauchöffnung) entfernen. Außen und innen mit Salz und Pfeffer einreiben.

Die Äpfel waschen, achteln und entkernen, die Zwiebeln ebenfalls achteln. Hiermit und mit je 2 Kräuterzweigen die Gans füllen. Die Bauchöffnung mit Küchengarn verschließen, die Flügel damit am Rücken festbinden. Die Haut unterhalb der Flügel und der Keulen mit einer Gabel einstechen, damit Fett auslaufen kann. Die Gans mit der Brust nach oben auf einen Rost legen. Die Fettpfanne des Backofens mit dem Bier befüllen. Die Karotten putzen und vierteln, mit den beiden übrig gebliebenen Kräuterzweigen ins Bier geben. Die Fettpfanne auf der unteren Schiene einschieben und den Ofen auf 180 °C vorheizen.

Die Gans auf dem Rost über der Fettpfanne 2½–3 Stunden braten, dabei etwa alle 20 Minuten mit dem Bier-Fett-Gemisch aus der Pfanne übergießen oder bestreichen. Die Gans jede Stunde wenden. Kurz vor Ende der Garzeit die Temperatur auf 230–250 °C erhöhen, die Gans nicht mehr übergießen. Wenn die Haut schön braun ist, den Braten aus dem Ofen nehmen, warm stellen und ruhen lassen.

Die Flüssigkeit aus der Fettpfanne durch ein Sieb in einen Topf passieren. Nach Belieben das Fett von der Oberfläche abschöpfen, noch etwas Wasser zugeben oder die Karotten zum Abbinden in die Sauce pürieren. Bei Bedarf nachwürzen.

Die Gans zerteilen, Sauce getrennt servieren.

TIPP

Wenn man die Gans nach dem Waschen für mehrere Stunden in Eiswasser einlegt, wird die Haut noch knuspriger.

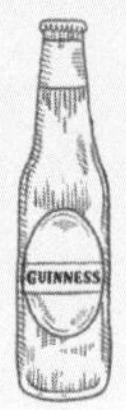

Entenbrust in Altbiermantel

Ein bisschen aufwendig, aber die Mühe lohnt sich.

FÜR 4 PERSONEN

FÜR DEN TEIG

200 g Vollkornmehl
300 g Roggenmehl
2 Pck. Trockenhefe
2 TL Zucker
Salz
300 ml Altbier

FÜR DIE FÜLLUNG

4 Entenbrüste
20 g Butterschmalz zum Braten
Salz und schwarzer Pfeffer aus der Mühle

FÜR DIE SAUCE

100 ml Fleischbrühe
4 EL Pflaumenmus
3 EL Altbier
1 EL Balsamicoessig
Salz und schwarzer Pfeffer aus der Mühle
Cayennepfeffer

Die Zutaten für den Teig verkneten. Mit einem Tuch abdecken und etwa 15 Minuten an einem warmen Ort gehen lassen.

Die Entenbrüste von allen Seiten im Butterschmalz anbraten, salzen und pfeffern.

Den Teig noch einmal durchkneten, dann dünn ausrollen. Vier Rechtecke ausschneiden, die Entenbrüste darauflegen und in den Teig wickeln.

Die Enten-Päckchen mit etwas Wasser bestreichen und im vorgeheizten Ofen (180 °C) 40 Minuten goldbraun backen. Anschließend Ofen ausschalten und die Päckchen noch 5–10 Minuten in der Röhre ruhen lassen.

Die Pfanne, in der die Entenbrüste gebraten wurden, mit dem Backpinsel ausstreichen und mit der Fleischbrühe ausschwenken. Den Fond aufkochen, Pflaumenmus, Bier und Essig dazugeben. Mit Salz, Pfeffer und Cayennepfeffer abschmecken.

Die Enten-Päckchen in dicke Scheiben schneiden und mit der Sauce servieren.

CHINESISCHES BIERMENÜ

Bier ist ein hervorragender Begleiter zu chinesischem Essen und – ausgehend von der Gründung der deutschen Brauerei in Qingdao, zu Deutsch Tsingtao, im Jahr 1903 – in China zu einem weitverbreiteten Getränk geworden. In die traditionelle Küche hat es bisher aber keinen Eingang gefunden. Dabei wäre es naheliegend, wird doch auch die Allzweckwaffe der asiatischen Küche, die Sojasauce, gebraut. Wer beim folgenden Menüvorschlag nicht alles mit Bier zubereiten will, kann also ersatzweise eine kleinere Menge Sojasauce verwenden und zudem das Salz bzw. die Fisch- oder Austernsauce weglassen.

Für ein chinesisches Menü werden verschiedene Gerichte gekocht, die alle in die Mitte des Tisches gestellt werden. Jeder Gast bedient sich nach Belieben und legt die einzelnen Speisen nacheinander auf sein Reisschälchen, denn der Reis ist die Grundlage für dieses Menü. Für vier Personen bieten sich fünf Gerichte an. Vier wären eigentlich auch okay, aber in China gilt die Vier als eine Unglückszahl. Gekocht wird im Wok – am besten in einem schweren, gusseisernen – und mit einem hoch erhitzbaren Bratöl, z. B. Erdnussöl.

Und noch ein kleiner, aber wichtiger Tipp: Gute Vorbereitung ist beim Chinesischkochen das A und O. Alles, was sich schneiden oder marinieren lässt, vorher erledigen und für das jeweilige Gericht griffbereit platzieren, denn beim eigentlichen Kochen geht alles ganz schnell. Hilfreich ist es für weniger Versierte auch, einen zweiten Wok zu haben – und eventuell einen fleißigen Helfer, der das Gerät nach jedem Gericht schnell unter fließendem Wasser reinigt und trocknet.

Scharfes Hühnchen

FÜR 4 PERSONEN

600 g Hähnchenbrustfilet
1 EL Sambal Oelek
1 EL Sesamöl
150 ml Pils
20 g getrocknete oder
150 g frische Shiitakepilze
Bratöl
100 g ungesalzene
Cashewnusskerne
Sojasauce
1 Bund Koriandergrün

Das Hähnchenfleisch in mundgerechte Stücke zerteilen, gut mit Sambal Oelek, Sesamöl und Pils vermischen und kühl stellen.

Getrocknete Shiitakepilze mit kochendem Wasser übergießen und 15–20 Minuten einweichen, dann abgießen und in einem Sieb abtropfen lassen. Die Pilze halbieren.

Etwas Bratöl im Wok stark erhitzen, bis es leicht zu rauchen anfängt. Das Fleisch aus der Marinade nehmen und ins heiße Öl legen. Unter ständigem Rühren etwa 5 Minuten von allen Seiten gut anbraten. Anschließend Pilze, Cashewkerne und Marinade dazugeben, 1 Schuss Sojasauce darüber, gut durchrühren und noch 4–5 Minuten bei reduzierter Hitze im Wok garen. Alles in eine flache Schale füllen und frisch geschnittenes Koriandergrün darüberstreuen.

Tofu mit Frühlingszwiebeln

FÜR 4 PERSONEN

300 g schnittfester Tofu (geräuchert oder naturbelassen)
1–2 frische Peperoni
frischer Ingwer
200 ml Schwarzbier
100 ml Sojasauce, plus 2 EL zum Beträufeln
1 Bund Frühlingszwiebeln
Bratöl

Den Tofu in 3–4 cm große, höchstens 1 cm dicke Stücke schneiden und in eine kleine Schüssel geben. Peperoni klein schneiden, etwas Ingwer fein reiben, beides darüberstreuen und mit Bier und Sojasauce aufgießen, bis der Tofu bedeckt ist. 1–2 Stunden im Kühlschrank marinieren.

Die Frühlingszwiebeln putzen, den weißen Teil der Zwiebeln in 2–3 cm lange Stücke schneiden, einen Teil vom grünen ganz fein schneiden. Den Tofu aus der Marinade nehmen.

Etwas Bratöl im Wok erhitzen. Tofu und Zwiebelstücke im heißen Öl höchstens 1 Minute anbraten, mit einem Teil der Marinade ablöschen, dann sofort vom Herd nehmen und in eine flache Servierschüssel geben. Mit klein geschnittenen Frühlingszwiebeln bestreuen – und für die Schlusswürze noch mit Sojasauce beträufeln.

Gemüseplatte

FÜR 4 PERSONEN

20 g getrocknete Baumohrenpilze (Mu-Err)
1 kleiner Chinakohl (ca. 500 g)
2 mittelgroße Karotten
10 Knoblauchzehen
ca. 20 g frischer Ingwer
Bratöl
2 EL Fisch- oder Austernsauce
100 ml Pils
1 EL Sherryessig

Die Pilze gut waschen, mit kochendem Wasser übergießen und 20 Minuten einweichen. Danach abgießen, abtropfen lassen und große Pilze zerteilen. Den Chinakohl quer in etwa 5 cm breite Stücke schneiden und die Blattschichten dann etwas auseinanderzupfen. Die Karotten putzen und in ebenfalls etwa 5 cm lange, dünne Stifte schneiden. Die Knoblauchzehen längs halbieren. Den Ingwer schälen und in ganz feine Streifen schneiden.

Etwas Öl im Wok erhitzen. Nacheinander Kohl, Karotten, Pilze, Knoblauchzehen, Ingwer und Fischsauce in den heißen Wok geben und braten, bis der Kohl stark an Größe verloren hat, aber noch einigermaßen bissfest ist.

Die Flüssigkeit abgießen, das Gemüse mit Bier und Essig vermengen und auf einer Platte anrichten.

Süßsaures Schweinefleisch

FÜR 4 PERSONEN

500 g mageres Schweinefleisch
1 Dose leicht gezuckerte Ananasstücke (Abtropfgewicht ca. 300 g)
2–3 getrocknete Chilischoten
Sojasauce
1 grüne Paprikaschote
3–4 mittelgroße Essiggurken
Bratöl
40 g brauner Zucker
100 ml Braunbier oder Märzen
2 EL Tomatenketchup
2 EL Reisessig

Das Schweinefleisch in stäbchen- und mundgerechte Würfel schneiden. Die Ananas abgießen, dabei 100 ml vom Wasser auffangen. Fein zerriebene Chilis und 1 Schuss Sojasauce in den Ananassaft geben und das Fleisch darin 30 Minuten marinieren. Die Paprika waschen, putzen und in etwa 2 cm x 3 cm große Stücke zerteilen, die Gurken in etwa 1 cm dicke Scheiben schneiden.

Etwas Bratöl im Wok erhitzen, das Fleisch aus der Marinade nehmen und abtropfen lassen – die Marinade aber aufheben. Die Fleischstücke von allen Seiten etwa 2–3 Minuten anbraten. Dann den Zucker darüber, die Paprikastücke dazu und unter ständigem Rühren 2–3 Minuten weiterbraten. Mit Bier und Marinade ablöschen, Ananas, Gurken und Ketchup dazu. Gut durchrühren und aufkochen, bis sich die Flüssigkeit stark reduziert hat. Zum Schluss mit Reisessig und eventuell noch etwas Sojasauce abschmecken.

Tintenfisch

FÜR 4 PERSONEN

300 g Tintenfisch (Kalmar)
100 ml herbes Pils
frischer Ingwer
1 rote Paprikaschote
200 g Zuckerschoten
Bratöl
1 EL Austernsauce

Kopf, Mund und Augen – soweit noch nicht geschehen – vom Tintenfisch entfernen. Die Tuben aufschneiden und den harten Schulp herausziehen. Tuben und Arme in stäbchen- und mundgerechte Stücke schneiden, in Bier und fein geriebenem Ingwer 30 Minuten im Kühlschrank marinieren.

Die Paprika waschen, putzen und in dünne Streifen schneiden, von den Zuckerschoten die Enden entfernen – größere Zuckerschoten in maximal 5 cm große Stücke schneiden.

Den Tintenfisch aus der Marinade nehmen und gut abtrocknen.

Etwas Öl im Wok erhitzen. Den Tintenfisch darin etwa 2 Minuten anbraten und wieder herausnehmen. Die Hitze erhöhen und Zuckerschoten sowie Paprika anbraten. Nach etwa 2 Minuten die Hitze wieder reduzieren, den Tintenfisch und die Austernsauce dazugeben, mit 2–3 EL der Ingwer-Bier-Marinade abschmecken und vom Herd nehmen.

Fisch in Bierpanade

Kabeljau mag diesen Biermantel sehr, aber auch Karpfen.

FÜR 4 PERSONEN

FÜR DIE PANADE

½ EL Zimtpulver
1 EL Kümmelsamen
½ EL gemahlenes Piment
1 EL Wacholderbeeren
1 EL schwarzer Pfeffer aus der Mühle
80 g Weizenmehl
80 g Speisestärke
250 ml Bier (Export oder Lager)

FÜR DEN FISCH

800 g Filet ohne Haut
Salz
Öl oder Butterschmalz zum Ausbacken
Zitronensaft zum Servieren

Die Gewürze im Mörser zerstoßen und mit Mehl und Stärke vermischen. Das Bier in eine separate Schüssel gießen.

Das gewaschene und trocken getupfte Fischfilet in Stücke schneiden und salzen. Die Stücke in der Mehl-Gewürz-Mischung wenden, dann durchs Bier ziehen und wieder durchs Mehl, bis sie von allen Seiten gut paniert sind.

Öl in einer tiefen Pfanne erhitzen. Die panierten Fischstücke darin von allen Seiten goldbraun ausbacken. Herausnehmen und auf Küchenpapier abtropfen lassen.

Vor dem Servieren mit Zitronensaft beträufeln.

TIPP

Geeignet sind im Prinzip alle Sorten Fisch, bei festfleischigen wie Karpfen oder Wels die Stücke einfach etwas kleiner schneiden.

Forelle Brauerin

Die Müllerin brät den Fisch, und die Brauerin macht ihn blau.

FÜR 4 PERSONEN

2 Zwiebeln
1 Bund Suppengrün
1 l Pils
2 Lorbeerblätter
5 Wacholderbeeren
1 TL schwarze Pfefferkörner
800 g festkochende Kartoffeln
4 küchenfertige Forellen
Salz
100 ml Bieressig (zur Not auch Weinessig)
100 g Butter
1 Bund Petersilie
Sahnemeerrettich (nach Belieben)

Die Zwiebeln halbieren, das Suppengrün putzen. Das Bier mit 2 l Wasser in einem großen, flachen Topf mit Zwiebeln, Suppengrün und den Gewürzen aufkochen und etwa 30 Minuten leicht köcheln lassen.

Die Kartoffeln schälen, aufsetzen und gar kochen. Danach das Wasser abgießen.

Die Fische vorsichtig mit Wasser abwaschen, innen salzen und in eine flache Form (z. B. Auflaufform oder Bräter) legen.

Den Essig erhitzen und heiß über die Forellen gießen.

Den Herd noch eine Stufe herunterdrehen und die Forellen behutsam in den Biersud, der dann nicht mehr kochen sollte, legen. Den Essig dazugießen. Die Forellen 10–15 Minuten, je nach Größe, ziehen lassen.

Die Butter zerlassen. Die Forellen mit einem Schaumlöffel aus dem Sud heben und auf vorgewärmte Teller verteilen. Kartoffeln dazu, zerlassene Butter und frisch geschnittene Petersilie über allem verteilen. Auch Sahnemeerrettich passt prima dazu.

TIPP

Die Fische nicht mit trockenen Händen anfassen, abtupfen oder gar schuppen, denn das könnte die Schleimschicht verletzen. Und die ist es, die die Forelle blau macht – nicht der Alkohol.

Rotbarsch in Biersauce mit Lauchnudeln

Hefeweißbier unterstreicht das feine Fischaroma.

FÜR 4 PERSONEN
750 g Rotbarschfilet
Salz und weißer Pfeffer aus der Mühle
250 ml Hefeweißbier
3 EL Essig
150 ml Fischfond (aus dem Glas)
2 Stangen Lauch (ca. 400 g)
1 Bund Dill
250 g Bandnudeln
1 EL mittelscharfer Senf
150 g Sahne
1 Prise Zucker

Das Rotbarschfilet waschen und mit Küchenpapier trocken tupfen. Das Fischfilet in Stücke schneiden und mit Salz und Pfeffer würzen.

Bier, Essig und Fischfond in eine hohe Pfanne gießen und einmal aufkochen. Anschließend Hitze reduzieren. Die Fischstücke in den Biersud legen und bei milder Hitze 5–6 Minuten darin ziehen lassen.

Die Lauchstangen waschen, putzen, in 10 cm breite Stücke und diese noch mal in Längsstreifen schneiden. Den Dill waschen und mit Küchenpapier trocken tupfen. Ein paar Dillstängel zum Garnieren beiseitelegen. Den restlichen Dill frisch schneiden.

Die Nudeln in kochendem Salzwasser garen. In den letzten 5 Minuten der verbleibenden Garzeit die Lauchstreifen mit in den Topf geben. Nach Ende der Garzeit das Nudel-Lauch-Gemisch in ein Sieb geben und gut abtropfen lassen. Die gegarten Fischstücke aus dem Biersud nehmen und warm stellen.

Für die Biersauce den Senf und die Sahne in den Biersud geben und erneut aufkochen. Die Sauce 1 Minute köcheln lassen. Hitze abdrehen und frisch geschnittenen Dill dazugeben. Mit Salz, Pfeffer und Zucker abschmecken.

Den Fisch mit Nudeln und Sauce anrichten und mit den restlichen Dillstängeln garnieren.

Fisch auf Tomaten-Zwiebel-Bett

Bier mischt hier bei der Fischmarinade und beim Gemüsebett mit.

FÜR 4 PERSONEN

FÜR DEN FISCH

4 Lachsfilets (oder andere festkochende Fischfilets wie Thunfisch oder Pangasius)
1 TL flüssiger Honig
½ TL Balsamicoessig
100 ml Bier
50 ml Orangensaft
1 TL Olivenöl
Salz und schwarzer Pfeffer aus der Mühle

FÜR DAS TOMATEN-ZWIEBEL-BETT

2 große Zwiebeln
Olivenöl
½ TL brauner Zucker
300 ml Bier
3 große Tomaten
5 Stängel frischer Oregano
50 ml Orangensaft
Salz
1 Prise Chilipulver

Den Fisch waschen und trocken tupfen. Tiefkühlfisch vorher auftauen lassen. In einer kleinen Schüssel Honig, Balsamico, Bier, Orangensaft und Olivenöl gut mischen. Mit Salz und Pfeffer abschmecken.

Mit einem Backpinsel das Fischfilet von beiden Seiten mit der Marinade bestreichen. Die Filets in einen tiefen Teller geben und die restliche Marinade darübergießen. Mindestens 30 Minuten ziehen lassen.

Die Zwiebeln halbieren und in Scheiben schneiden. Flach in eine Saftpfanne oder einen Bräter geben, mit Olivenöl bedecken und mit braunem Zucker bestreuen.

In den vorgeheizten Backofen (200 °C) schieben. Nach 10 Minuten das Bier hineingießen.

Die Tomaten waschen und würfeln, die Oreganoblätter von den Stängeln zupfen und frisch schneiden. Nach weiteren 5 Minuten zu den Zwiebeln geben, den Orangensaft zugießen und mit Salz und Chili würzen. Zum Schluss die Fischfilets darauflegen und mit der Marinade, die noch im Teller ist, übergießen. Im Backofen 15–20 Minuten (je nach Dicke der Filets) garen.

Dazu passt Reis.

Lagerlachs im Holzpapier

Alufolie war gestern. Heute wird Grillgut gerne in millimeterdünne Holzblätter eingewickelt. Sie halten es saftig und verleihen ihm eine zarte Rauchnote – bei uns kommt noch ein sanftes Bieraroma dazu.

FÜR 4 PERSONEN

4 Blätter Holzpapier (z. B. Erle oder Kirsche)
½ l Lager, plus 1 EL
4 Lachsfilets
2 Zweige Rosmarin
1 EL Olivenöl
1 TL Honig
Salz und schwarzer Pfeffer aus der Mühle

Das Holzpapier für 1 Stunde im Bier einlegen.

Die Lachsfilets waschen und trocken tupfen. Den Rosmarin waschen und trocken schütteln, dann die Nadeln abstreifen und fein hacken. Rosmarin, Öl, 1 EL Bier, Honig, Salz und Pfeffer in eine kleine Schüssel geben und gut verrühren.

Den Lachs mit der Mischung von beiden Seiten bestreichen. Jeweils 1 Filet auf ein Blatt Holzpapier legen, es darin einwickeln und das Päckchen mit einem Faden (ist beim Holzpapier dabei) zubinden. Für 15–18 Minuten auf dem Grill bei geschlossenem Deckel garen.

Dazu passt die Knoblaise (s. Seite 41) besonders gut.

Karpfen im Biersee

Karpfen Blau kennt jeder. Dieses traditionelle Rezept aus dem Frankenwald lässt den Teichbewohner mal in Bier schwimmen.

FÜR 4 PERSONEN

1 geschuppter, gereinigter Karpfen (mittelgroß)
Salz
Butter für die Form
1 Zwiebel
schwarzer Pfeffer aus der Mühle
3 Lorbeerblätter
2 Gewürznelken
750 ml–1 l Bier

Den Karpfen in Stücke schneiden, mit Salz einreiben und etwa 30 Minuten ruhen lassen.

Eine Kasserolle buttern und die Karpfenstücke hineinlegen. Die Zwiebel in Ringe schneiden und mit den Gewürzen dazugeben. Bier zugießen, sodass der Fisch gerade bedeckt ist. Bei 180 °C im vorgeheizten Backofen auf der mittleren Schiene etwa 10–15 Minuten weich garen.

Dazu passen Salzkartoffeln und Gurkensalat.

»Öl-Sardinen«

In Schweden heißt Bier »öl« und ist dort ziemlich teuer. Unser Sardinenrezept ist viel günstiger, auch wenn die Fische nicht aus der Dose, sondern frisch auf den Grill kommen.

FÜR 4 PERSONEN

20 frische Sardinen
6 Salbeiblätter
3 EL helles Bier
Salz und schwarzer Pfeffer aus der Mühle

UTENSILIEN

Grillspieße aus Holz (bei Bedarf)

Die Sardinen mit einem Messer unter fließendem Wasser entschuppen. Die Köpfe abschneiden, die Bäuche von den Kiemen bis zur Schwanzflosse aufschlitzen und die Innereien entfernen. Anschließend die Fische nochmals gründlich von innen und außen waschen und trocken tupfen.

Den Salbei waschen, trocken schütteln und fein hacken. Mit dem Bier vermischen, salzen und pfeffern und einen Teil der Mischung in den Bauchschnitt der Sardinen füllen. Mit dem Rest werden sie von außen eingerieben. Die Sardinen auf den Rost legen und etwa 8 Minuten grillen.

Dazu passen Weißbrot und ein bunter Salat.

TIPP

Wenn die Sardinen eher klein ausfallen, sollten sie am besten auf hölzerne Grillspieße gesteckt werden – so fallen sie nicht durch den Rost.

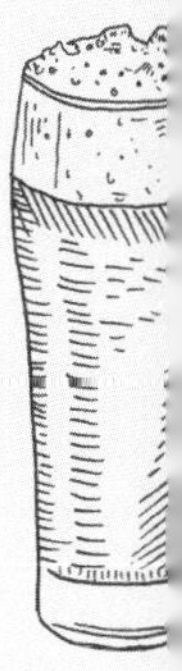

Garnelenspieße

Hier bringen die Garnelen ihre Brotbeilage gleich mit.

FÜR 4 PERSONEN

400 g TK-Garnelen
2 Brötchen vom Vortag
1 Knoblauchzehe
4 EL Bier
4 EL Öl
Salz

UTENSILIEN

Grillspieße aus Holz

Die Garnelen über Nacht im Kühlschrank auftauen lassen, danach unter fließendem Wasser kurz waschen und mit Küchenpapier trocken tupfen. Die Brötchen in etwa 2 cm große Würfel schneiden. Dann immer abwechselnd 1 Garnele und 1 Brötchenwürfel auf die Holzspieße stecken.

Die Knoblauchzehe schälen und fein hacken. Mit Bier, Öl und etwas Salz in einer flachen Schüssel vermengen. Die Garnelenspieße mindestens 30 Minuten in der Mischung marinieren, dabei immer wieder wenden.

Anschließend die Spieße unter mehrfachem Wenden etwa 8 Minuten grillen, bis die Garnelen rosa und die Brötchenwürfel leicht gebräunt sind.

Hier machen sich die Knoblaise und die Vegane Bieronaise (beides Seite 41) als Begleiter gut.

Gedünstetes Zanderfilet

Da ist nur ein Schuss Pils drin – aber der macht's.

FÜR 4 PERSONEN

4 Schalotten
Olivenöl zum Braten
1 EL Tomatenmark
100 ml Pils
4 Zanderfilets
6 Tomaten
1 Lorbeerblatt
Salz und schwarzer Pfeffer aus der Mühle

Die Schalotten fein hacken und in Olivenöl anbraten. Das Tomatenmark dazugeben, alles kurz weiterbraten, dann mit dem Bier ablöschen.

Die Zanderfilets in kleine Stücke schneiden. Die Tomaten mit kochendem Wasser übergießen und häuten. Danach vierteln, entkernen und grob hacken. Fisch, Tomaten und Lorbeerblatt zu den Zwiebeln geben. Mit Salz und Pfeffer würzen. Zudecken und bei mittlerer Hitze etwa 20 Minuten garen.

Dazu passt Ciabatta.

Dunkler Karpfen

Bei diesem Thüringer Rezept kann man Malzbier oder dunkles Bier verwenden.

FÜR 4 PERSONEN
1 küchenfertiger Karpfen (1 ½–2 kg)
schwarzer Pfeffer aus der Mühle
Saft von 1 unbehandelten Bio-Zitrone
100 ml Rotwein
Salz
700 ml Malz- oder Schwarzbier
1 Zwiebel
1 Lorbeerblatt
1 Gewürznelke
200 g Karotten
100 g Knollensellerie
50 g Butter
50 g Rosinen
60–80 g Saucenbrot
Zucker

Den Karpfen enthäuten, entgräten und in vier Stücke schneiden. Pfeffern, Zitronensaft sowie Rotwein darübergießen und 2–3 Stunden kühl stellen.

Danach den Karpfen in einen Topf geben, salzen und Marinade sowie Bier zugießen. Die Zwiebel fein hacken und hinzufügen. Dann Lorbeer und Nelke dazu und das Ganze aufkochen lassen.

Den Karpfen bei schwacher Hitze 10 Minuten pochieren.

Karotten und Sellerie schälen, klein schneiden und in der Butter dünsten. Die Rosinen in Wasser einweichen.

Den Karpfen aus dem Sud nehmen und warm stellen. Den Sud durch ein Sieb passieren, aufkochen lassen und mit dem geriebenen Saucenbrot binden.

Gemüse sowie die abgetropften Rosinen dazugeben und mit Salz, Pfeffer, Zucker und Zitronensaft abschmecken.

Die Karpfenstücke mit der Sauce übergießen.

Dazu passen Petersilienkartoffeln.

Scharfe Thunfisch-Bolo

FÜR 4 PERSONEN
1 Zwiebel
2 EL Olivenöl zum Braten
2–3 EL Tomatenmark
250 ml Export
1 TL Chilipulver
1 TL Oregano
Salz
1–2 Dosen Thunfisch
500 g Spaghetti
geriebener Parmesan

Die Zwiebel fein hacken und in einem Topf in Olivenöl glasig anbraten. Das Tomatenmark im Öl mit anschwitzen, danach das Bier aufgießen (die Sauce soll dickflüssig bleiben). Chilipulver sowie Oregano einrühren und köcheln lassen. Mit Salz abschmecken.

Das Wasser für die Spaghetti aufsetzen. Den Thunfisch gut abtropfen lassen, dann mit der Gabel zerpflücken und in die Tomatensauce einrühren.

Die Spaghetti nach Packungsanleitung kochen, abgießen, auf tiefe Teller verteilen, Sauce drüber und mit Parmesan bestreuen.

Saibling auf Estragon-Weißbier-Schaum

Ein leichtes und raffiniertes Essen, das auch mit Forelle wunderbar schmeckt.

FÜR 4 PERSONEN

FÜR DEN FISCH

4 küchenfertige Saiblinge (à ca. 300 g)
Salz und schwarzer Pfeffer aus der Mühle
4 Stängel Estragon
Olivenöl

FÜR DEN SCHAUM

2 Stängel Estragon
1 unbehandelte Bio-Limette
1 Bio-Ei (Größe M)
2 Bio-Eigelb
1 Prise Salz
weißer Pfeffer aus der Mühle
1 TL Zucker
150 ml Kristallweizen

Die Saiblinge innen und außen waschen und trocken tupfen, innen leicht salzen, pfeffern und je 1 Stängel Estragon in den Bauch geben. Die Fische mit etwas Olivenöl einreiben und auf Alufolie legen. Jeden Fisch einzeln so einschlagen, dass keine Flüssigkeit auslaufen kann. In dem auf 200 °C vorgeheizten Backofen etwa 20 Minuten garen. Dann herausnehmen, die Temperatur auf etwa 120 °C reduzieren. Die Folien vorsichtig öffnen und die Saiblinge gründlich filetieren. Die Filets wieder in Folie einschlagen und zurück in den Ofen geben.

Für den Schaum den Estragon frisch schneiden und die Hälfte davon in eine Schüssel geben. Die Limette darüber auspressen und etwas von der Schale in den Saft reiben. Mit Ei, Eigelben, Salz, Pfeffer und Zucker verquirlen. Über einem heißen Wasserbad das Bier zugeben und alles etwa 3–5 Minuten schaumig rühren.

Den Schaum auf Teller verteilen, die Fischfilets aus dem Ofen und der Alufolie nehmen und auf den Schaum betten. Mit dem restlichen Estragon bestreuen und sofort servieren.

Dazu passen Pellkartoffeln.

TIPP

Der Aufwand fürs Entgräten zwischendurch lohnt sich. So bleibt der im Ganzen gegarte Fisch saftiger, als wenn man von vorneherein Filets nimmt. Man sollte es aber auch nicht erst auf dem Teller tun, denn im Bierschaum verstecken sich die Gräten besonders gut.

Thai-Makrelen

Als Steckerlfisch sind sie volksfestbekannt. Wir ziehen ihnen ein orientalisches Kostüm über – allerdings erst nach dem Grillen.

FÜR 4 PERSONEN

4 Makrelen (ausgenommen und entschuppt)
1 rote Chilischote
1 Knoblauchzehe
1 walnussgroßes Stück frischer Ingwer
2 Kaffirlimettenblätter (aus dem Asialaden)
2 TL flüssiger Honig
6 EL Pils
3 EL Erdnussöl
1 TL Sesamöl
1 TL Thai Fischsauce
Salz

Die Makrelen unter fließendem Wasser innen und außen waschen, dann mit Küchenpapier trocken tupfen.

Die Chilischote waschen, putzen und entkernen. Knoblauch und Ingwer schälen. Zusammen mit den Kaffirlimettenblättern fein hacken. Alles mit Honig, Pils, 1 EL Erdnussöl und dem Sesamöl sowie der Fischsauce in einer Schüssel gut verrühren.

Die Makrelen mit einem scharfen Messer auf jeder Seite sechsmal einschneiden (die Schnitte sollen bis aufs Fleisch, aber nicht bis zu den Gräten gehen). Mit dem restlichen Erdnussöl einpinseln, dann salzen und von jeder Seite 5–6 Minuten grillen, bis die Haut dunkel und die Augen weiß sind.

Die Makrelen vom Grill nehmen und mit der Sauce beträufeln. Vor dem Servieren sollte sie etwa 2–3 Minuten lang einziehen.

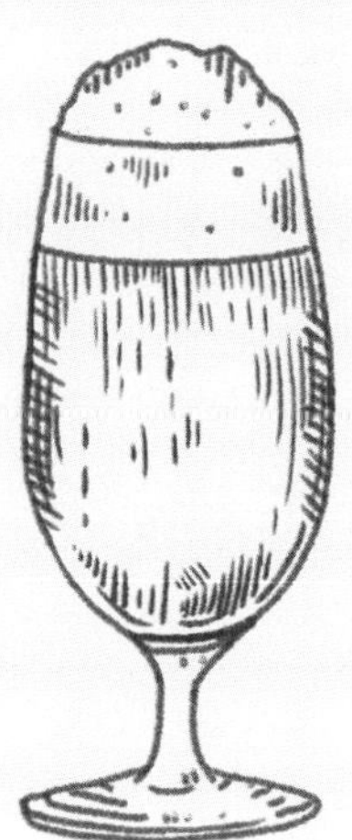

Gefüllte Paprika

Den Hackfleischklassiker wandeln wir vegetarisch-asiatisch ab.

FÜR 4 PERSONEN
VEGAN
100 g Hirse
400 ml Schwarzbier
20 g getrocknete Baumohrenpilze (Mu-Err)
200 g schnittfester Tofu
4 große Paprikaschoten
1 Bund Koriandergrün
1 EL Sojasauce

Die Hirse im Sieb waschen, dann in 200 ml Bier aufkochen und ziehen lassen, bis die Körner die Flüssigkeit aufgenommen haben. Mu-Err-Pilze waschen, mit kochendem Wasser übergießen und etwa 15–20 Minuten einweichen.

Den Tofu würfeln. Die Paprika waschen, um den Stiel die Deckel abschneiden und die Schoten putzen. Die Pilze abgießen, ausdrücken und in kleine Stücke schneiden. Mit Hirse, Tofu, frisch geschnittenem Koriander, Sojasauce und 1 EL Bier zu einer Masse vermengen und damit die Paprikaschoten füllen. Die Deckel wieder draufsetzen.

In einen Bräter oder feuerfesten Topf das restliche Bier gießen, die Paprika hineinsetzen und im vorgeheizten Ofen (200 °C) etwa 30–40 Minuten garen.

Überbackener Blumenkohl

FÜR 4 PERSONEN
500 g festkochende Kartoffeln
1 Blumenkohl
200 g Emmentaler
1 Bio-Ei (Größe M)
100 ml Bier
1 EL Butter für die Form
Salz und schwarzer Pfeffer aus der Mühle

Die Kartoffeln schälen, vom Blumenkohl Blätter und Strunk entfernen und den Kohl gut waschen. Beides leicht vorkochen (Kartoffeln etwa 10 Minuten, Blumenkohl etwa 3–4 Minuten). Den Käse grob reiben und mit Ei und Bier verquirlen.

Blumenkohl zerteilen, Kartoffeln in Stücke schneiden. Beides in eine mit Butter leicht gefettete Auflaufform geben, salzen und pfeffern. Die Käsemasse gleichmäßig darübergießen.

Im Ofen (200 °C) etwa 15–20 Minuten überbacken.

TIPP

Statt Blumenkohl kann man auch Brokkoli (hat eine kürzere Koch- und Garzeit) oder Rosenkohl überbacken.

Gefüllte Tomaten

Ein leichtes, veganes Grillvergnügen.

FÜR 4 PERSONEN
VEGAN

2 Frühlingszwiebeln
2 EL Olivenöl
200 ml Pils
100 g Couscous
4 Fleischtomaten
4 Stängel Minze
4 EL Sojasahne
4 EL Pistazien
½ TL getrocknete Chiliflocken
1 Prise gemahlener Kreuzkümmel
Salz

Die Frühlingszwiebeln waschen, putzen und in feine Ringe schneiden. Das Öl in einem Topf erhitzen und die Zwiebeln darin kurz anschwitzen. Mit dem Bier ablöschen, aufkochen lassen (Achtung: Das Bier schäumt!) und den Couscous einrühren. Den Deckel auflegen und den Couscous ohne weitere Hitzezufuhr 8 Minuten quellen lassen.

Die Fleischtomaten waschen und den Strunk mit einem Messer herauslösen. Durch die entstandene Öffnung mit einem Teelöffel die Kerne entfernen. Die Minze waschen, trocken schütteln und frisch schneiden.

Die Sojasahne unter den Couscous rühren, die Pistazien nach Belieben klein hacken und mit der Minze unterheben. Mit Chili, Kreuzkümmel und Salz würzen und alles nochmals gut verrühren.

Die Tomaten mit der Couscousmasse füllen und auf dem Grill ca. 10 Minuten garen.

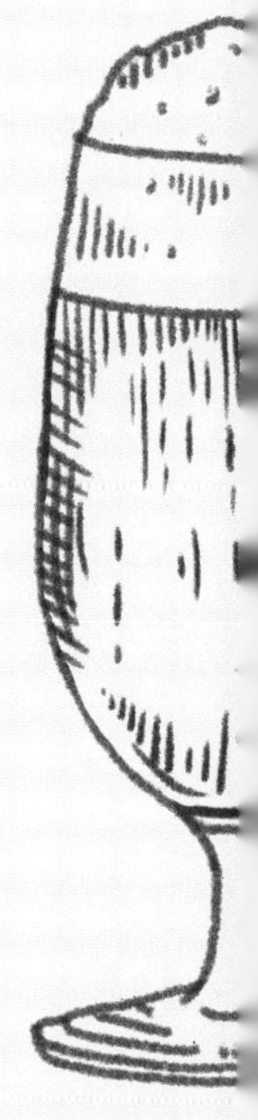

Zucchini-Feta-Röllchen

FÜR 12 RÖLLCHEN
2 Zucchini
Salz
200 g Feta
2 EL Bier
100 g Aivar
4 EL Olivenöl

UTENSILIEN
Zahnstocher zum Fixieren

Die Zucchini putzen, waschen und mit einem Gemüsehobel oder einem Sparschäler der Länge nach in dünne Scheiben hobeln. Die Scheiben auf Küchenpapier legen, salzen und etwa 5 Minuten Wasser ziehen lassen.

Den Feta in eine Schüssel bröseln und mit Bier, Ajvar und 2 EL Öl verrühren, bis eine feste Creme entsteht.

Die Zucchinischeiben mit Küchenpapier trocken tupfen. Jeweils 2–3 Scheiben auf der Arbeitsfläche so nebeneinander legen, dass sie leicht überlappen.

Die Schafskäsemasse auf den Scheiben verteilen, diese einzeln zusammenrollen und mit Zahnstochern feststecken.

Die Röllchen auf eine Grillschale legen, mit dem restlichen Öl bestreichen und etwa 8 Minuten grillen.

Penne mit Bi(e)rnen und Radicchio

Ein fruchtiges Pasta-Gericht, perfekt für den Herbst.

FÜR 4 PERSONEN
500 g Penne
400 g Radicchio
500 g Birnen
1 rote Zwiebel
30 g Butter
100 ml Hefeweizen
100 g Sahne
100 g Gorgonzola
Salz und schwarzer Pfeffer aus der Mühle

Ausreichend Wasser in einem großen Topf zum Kochen bringen. Die Penne darin nach Packungsanweisung al dente kochen. Dann abgießen und abtropfen lassen.

Den Radicchio waschen, putzen und in Streifen schneiden. Die Birnen waschen, vierteln und die Kerngehäuse herauslösen. Danach die Viertel noch einmal dritteln. Die Zwiebel fein würfeln.

Die Butter erhitzen und die Zwiebel darin kurz anbräunen. Die Birnen hinein und 1 Minute mitdünsten. Mit dem Bier ablöschen. Topf zudecken und das Ganze etwa 4 Minuten bei mittlerer Hitze dünsten. Die Sahne dazugießen und kurz einkochen lassen. Den Gorgonzola würfeln und dazugeben. Mit Salz und Pfeffer würzen und mit dem Radicchio und den Nudeln vermischen.

Feta-Päckchen

Die einen lieben es, in Alufolie verpackte Köstlichkeiten vom Grill zu essen, die anderen weigern sich vehement. Alufolie sollte nämlich nicht mit Säure in Verbindung kommen, weil sich gesundheitsschädliche Stoffe entwickeln können. Die Lösung: Lebensmittel erst in Backpapier, dann in Alufolie wickeln. So kommen sie erstens nicht mit der Folie in Kontakt und kleben zweitens nicht an.

FÜR 4 PERSONEN

500 g Feta
4 Knoblauchzehen
4 Zweige Rosmarin
150 g getrocknete Tomaten in Öl (aus dem Glas)
4 EL Bier
100 g Pinienkerne zum Bestreuen
schwarzer Pfeffer aus der Mühle

Den Feta in Scheiben schneiden. Den Knoblauch fein hacken. Den Rosmarin waschen und trocken schütteln, die Nadeln abstreifen und frisch schneiden. Die getrockneten Tomaten etwas abtropfen lassen (das Öl dabei auffangen) und in grobe Streifen schneiden.

Knoblauch, Rosmarin, Bier und 2 EL des Tomatenöls gut verrühren. Vier ca. 20 cm x 20 cm große Quadrate aus Alufolie auslegen und diese mit etwas kleineren Stücken Backpapier belegen.

Darauf den Feta und die Tomaten verteilen. Die Öl-Bier-Mischung darüberträufeln. Die Pinienkerne obendraufstreuen und das Ganze kräftig pfeffern.

Die Päckchen sorgfältig verschließen, auf den Grill legen und ca. 8 Minuten garen.

Mediterranes Kartoffelgratin

Die mediterrane Version ist deutlich leichter als das klassische, mit viel Sahne, Milch und Butter sowie Eiern zubereitete Gratin dauphinois.

FÜR 4 PERSONEN

800 g mehligkochende Kartoffeln
4–6 Roma- oder Flaschentomaten
2 Knoblauchzehen
2 Schalotten
1 EL Olivenöl für die Form
Salz und schwarzer Pfeffer aus der Mühle
2–3 Zweige frischer Thymian
1 Zweig frischer Rosmarin
10–12 schwarze Oliven (ohne Stein)
150–200 ml Export
200 g geriebener Gruyère (Greyerzer Käse)

Die Kartoffeln schälen und in dünne Scheiben schneiden. Die Tomaten ebenfalls in Scheiben schneiden, nur das feste Fleisch verwenden. Knoblauch und Schalotten fein hacken.

Eine Auflaufform mit Olivenöl fetten und die Kartoffel- und Tomatenscheiben schuppenförmig darin aufschichten. Während des Schichtens salzen, pfeffern und Schalotten und Knoblauch einstreuen. Thymian, Rosmarin und Oliven im Auflauf verteilen und das Bier aufgießen. Dann den geriebenen Käse darüberstreuen.

Im vorgeheizten Ofen (180 °C) 40–60 Minuten backen.

TIPP

Die Garzeit variiert stark, je nach Kartoffeln, Auflaufform und Herd. Nach etwa 40 Minuten immer wieder mit einer Gabel in die Kartoffeln stechen. Bräunt das Gratin zu stark an, während die Kartoffeln noch nicht gar sind, einfach mit einem Stück Alufolie abdecken. Bleibt es zu blass, kann man gegen Ende der Garzeit die Temperatur erhöhen und/oder auf Oberhitze schalten.

Ziegen-Bock-Tomaten

Das ist, je nach Hunger, ein kleines Hauptgericht oder eine Vorspeise.

FÜR 4 PERSONEN

4 Fleischtomaten
1–2 milde rote Peperoni
8–10 schwarze Oliven (ohne Stein)
200 g Ziegenfrischkäse
1 TL Herbes de Provence
100 ml heller Bock
200 g Feta
1 TL Tomatenmark
1 EL Olivenöl
Salz

Die Tomaten waschen, den Deckel abschneiden und die Tomaten aushöhlen. Die »Innereien« aufheben.

Die Peperoni entkernen und fein hacken. Die Oliven in kleine Stücke schneiden. Den Frischkäse mit Peperoni, Oliven, ½ TL Kräutermischung und 2–3 EL Bockbier zu einer cremigen Masse verrühren. Den Feta hineinbröseln und erneut durchrühren. Die Tomaten mit der Masse füllen und den Deckel wieder draufsetzen.

In einem flachen feuerfesten Topf Tomatenmark in Olivenöl anschwitzen. Das Innere der Tomaten pürieren und dazugeben. Mit dem restlichen Bier ablöschen, mit den restlichen Kräutern und 1 Prise Salz abschmecken.

Die Tomaten in den Topf setzen und den Topf für etwa 15–20 Minuten in den vorgeheizten Ofen (180 °C) stellen.

Dazu passen Kritharaki (Griechische Nudeln).

TIPP

Wenn kein Ziegen-Feta greifbar ist, geht's auch mit einem aus Schafsmilch.

Zwierbel

FÜR 4 PERSONEN
4 (nach Möglichkeit große) rote Zwiebeln
150 g Ebly Sonnenweizen
½ l Bier
1 EL Butter
2 Zweige Rosmarin
1 TL Tomatenmark
½ TL rosenscharfes Paprikapulver
Salz und schwarzer Pfeffer aus der Mühle
150 g Crème fraîche

Die Zwiebeln schälen, dabei die Wurzelenden dranlassen. Dann längs halbieren, von jeder Hälfte 2–3 äußere Schichten mitsamt dem Wurzelende (die sogenannten Zwierbeln) ablösen und beiseitelegen. Das Zwiebelinnere fein hacken.

Den Sonnenweizen im Bier etwa 10 Minuten weich kochen. Inzwischen die Butter in einer Pfanne zerlassen und die klein gehackten Zwiebeln darin glasig dünsten. Von der Hitze nehmen. Den Weizen abgießen, das Bier dabei auffangen.

Den Rosmarin waschen und trocken schütteln, die Nadeln abstreifen und frisch schneiden. Mit Tomatenmark, Paprika, etwas Salz und Pfeffer zu den gebratenen Zwiebeln geben. Crème fraîche, den Sonnenweizen und 2 EL des aufgefangenen Kochbiers zufügen und alles gut verrühren.

Die Mischung in die Zwierbeln füllen, diese auf Grillschalen setzen und 30 Minuten grillen.

TIPP

Statt Sonnenweizen eignen sich auch Bulgur, rote Linsen oder Reis für die Füllung – die Kochzeit entsprechend anpassen.

Bierkürbis

Kürbis-Bier ist eine neue Kreation von Brauern, denen Hopfen, Gerstenmalz und Wasser nicht genügen. Eine österreichische Brauerei setzt der Gärflüssigkeit beispielsweise Saft vom Muskatkürbis zu. Er gärt mit und verleiht dem Getränk – nach dem deutschen Reinheitsgebot dürfte es sich gar nicht Bier nennen – einen fruchtigen Kürbisgeschmack. Unser Rezept bringt Bier und Kürbis sortenrein zusammen – und beim Hokkaido kann sogar die Schale mitgegessen werden.

FÜR 4 PERSONEN
2 Hokkaido-Kürbisse (à 1 kg)
2 Knoblauchzehen
4 Scheiben Brot
250 g Pecorino
250 g Crème fraîche
¼ l dunkles Bier
Salz und schwarzer Pfeffer aus der Mühle

Die Kürbisse waschen, abtrocknen und um den Blütenansatz herum einen Deckel herausschneiden. Die Kerne mit einem Löffel oder Eisportionierer entfernen.

Den Knoblauch fein hacken. Das Brot in Würfel schneiden. Den Käse reiben.

Den Knoblauch mit Crème fraîche und Bier in einer Schüssel mischen, salzen und pfeffern.

Zum Befüllen der Kürbisse immer abwechselnd eine Lage Brot, eine Lage Bier-Mischung und eine Lage Käse hineinschichten.

Wenn sie voll sind, die Deckel draufsetzen und das Ganze in einer Grillschale auf den Rost legen. Bei geschlossenem Deckel 1½ Stunden grillen.

Wer mag, löffelt erst die Füllung aus und isst den Kürbis dann als Beilage zu anderem Grillgut. Man kann die Hokkaidos aber auch mit einem Messer vierteln und Kürbis und Füllung zusammen genießen.

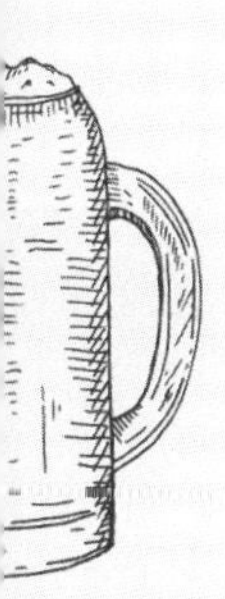

TIPP

Während die Kürbisse garen, können z. B. Kartoffeln oder die Zwierbeln (s. Seite 142) mitgegrillt werden. Sie sind schneller fertig und stillen den ersten Grillhunger.

Ratatouille

Das haben wir schon lange vor dem Zeichentrickfilm gekocht.

FÜR 4 PERSONEN
VEGAN

1 Aubergine
1 Zucchini
Salz
3 Paprikaschoten (grün, rot, gelb)
2 Zwiebeln
Olivenöl zum Braten
2 Knoblauchzehen
3–4 getrocknete Tomaten
1–2 TL Tomatenmark (nach Bedarf)
2–3 Zweige frischer Thymian
100–150 ml helles Bier
schwarzer Pfeffer aus der Mühle
1 kleines Bund glatte Petersilie

Aubergine und Zucchini waschen und in Scheiben schneiden. Die Scheiben salzen, nach etwa 15 Minuten gut abtupfen, umdrehen und das Ganze von der anderen Seite wiederholen. Die Scheiben gegebenenfalls in mundgerechte Stücke schneiden.

Die Paprika waschen, putzen und mundgerecht würfeln. Die Zwiebeln fein würfeln und in einer großen Pfanne in Olivenöl glasig anbraten. Dann die Paprika dazu und nach 2–3 Minuten Zucchini und Aubergine ebenfalls hineingeben.

Die Knoblauchzehen mit den getrockneten Tomaten fein hacken und einrühren. Lässt das Gemüse viel Flüssigkeit, diese mit Tomatenmark eindicken.

Den Thymian dazugeben. Mit Bier aufgießen, kurz aufkochen, dann etwa 20–30 Minuten schmoren. Mit Pfeffer und bei Bedarf auch noch etwas Salz abschmecken. Zum Schluss die Thymianzweige entfernen und frisch geschnittene Petersilie darüberstreuen.

Dazu passt am besten ein Baguette, aber auch Reis bietet sich an.

TIPP

An heißen Tagen schmeckt Ratatouille auch kalt köstlich.

Zucchini-Bier-Frittata

Frittata ist eine wunderbare Methode, mit der Zucchini-Schwemme, die jedes Jahr im Juli eintritt, fertigzuwerden.

FÜR 4 PERSONEN
800 g Zucchini
2 Zwiebeln
8 Bio-Eier (Größe M)
50 g Sahne
50 ml Bier
Salz und schwarzer Pfeffer aus der Mühle
1 Prise rosenscharfes Paprikapulver
Olivenöl zum Braten

Die Zucchini waschen, putzen und mit einer Gemüsereibe raspeln. Die Zwiebeln fein hacken. Die Eier mit Sahne und Bier verquirlen. Mit Salz, Pfeffer und Paprikapulver würzen.

Etwas Öl in einer großen Pfanne erhitzen und die Zwiebeln darin anbraten. Die Zucchini dazugeben und etwa 7 Minuten bei mittlerer Hitze mitgaren, dabei häufig umrühren. Die Eier dazugießen. Die Pfanne abdecken und die Eier stocken lassen. Dann mithilfe von zwei Tellern wenden. Zurück in die Pfanne geben und etwa 5 Minuten fertig braten.

TIPP

Das Wenden mit zwei Tellern geht ganz einfach. Das Omelette oder die Frittata aus der Pfanne auf einen Teller gleiten lassen, den zweiten Teller darüberdecken und das Ganze umdrehen. Danach den oberen Teller wegnehmen und das Omelette zurück in die Pfanne geben.

Halloumi-Weizen-Spieße

Der halbfeste Schnittkäse ist besonders gut zum Grillen geeignet, weil er nicht zerfließt, wenn er heiß wird – das freut den Menschen, der den Rost sauber macht.

FÜR 4 PERSONEN

400 g Halloumi
2 rote Zwiebeln
8 braune Champignons
8 eingelegte Peperoni (aus dem Glas)
1 unbehandelte Bio-Zitrone
4 Stängel Minze
4 Stängel Oregano
2 Zweige Thymian
8 EL Weizenbier
4 EL Olivenöl
Salz und schwarzer Pfeffer aus der Mühle

UTENSILIEN

Grillspieße aus Holz

Den Halloumi in etwa 4 cm große Würfel schneiden. Die Zwiebeln schälen und achteln, die Champignons putzen, die Stiele gegebenenfalls entfernen. Die Peperoni abtropfen lassen und die Stiele abschneiden. Die Zitrone heiß waschen, trocken reiben und halbieren. Die eine Hälfte auspressen, die andere in vier Teile schneiden.

Die Kräuter waschen, trocken schütteln und die groben Stiele entfernen. Den Rest fein hacken und mit Zitronensaft, Weizenbier und Öl vermischen. Mit Salz und Pfeffer würzen.

Käse, Zwiebeln, Pilze, Peperoni und Zitrone in die Marinade geben und mehrfach wenden, bis alles gut damit überzogen ist. Im Kühlschrank mindestens 3 Stunden ziehen lassen.

Dann abwechselnd auf Grillspieße stecken – jeder sollte 1 Stück Zitrone bekommen. Die Spieße in einer Grillschale rund 10 Minuten garen, dabei ab und zu wenden.

Biertobellos

FÜR 4 PERSONEN
4 Portobello-Pilze
1 Zwiebel
1 Knoblauchzehe
3 Scheiben altbackenes Baguette
6 EL Olivenöl
2 Tomaten
4 Stängel glatte Petersilie
100 g Feta
6 EL dunkles Bier
Salz und schwarzer Pfeffer aus der Mühle

Die Pilze putzen. Den Stiel und die Lamellen entfernen.

Zwiebel und Knoblauch schälen und fein hacken. Das Brot in Würfel schneiden. Zwiebel, Knoblauch und Brot im Öl goldbraun braten, anschließend in eine Schüssel geben und abkühlen lassen.

Die Tomaten waschen und in Würfel schneiden, dabei den Strunk entfernen. Die Petersilie waschen, trocken schütteln und fein hacken. Den Schafskäse zerkrümeln. Tomaten, Petersilie und Feta zur Brotmischung geben und vermengen. Das Bier unterrühren, mit Salz und Pfeffer abschmecken und die Pilze mit der Mischung befüllen.

Die gefüllten Pilze auf den Grill legen und etwa 10 Minuten bei geschlossenem Deckel grillen.

TIPP

Da es nicht immer und überall Portobellos zu kaufen gibt, können sie in dem Rezept auch durch möglichst große braune Champignons ersetzt werden – Portobellos sind nämlich nichts anderes als deren XXL-Version. Wenn »normalgroße« Pilze verwendet werden, pro Person 3–4 Stück einplanen (hier müssen die Lamellen auch nicht entfernt werden).

Tofuspieße

Für eine Freundin haben wir vor einigen Jahren ein Rezept für Hähnchenspieße vegetarisch abgewandelt. Da die Variante so gut ankam, haben wir sie in unser festes Grillrepertoire aufgenommen.

FÜR 4 PERSONEN

400 g fester Naturtofu
250 g braune Champignons
150 g Kirschtomaten
1 unbehandelte Bio-Limette
1 walnussgroßes Stück frischer Ingwer
4 EL Kristallweizen
4 EL Sonnenblumenöl
1 EL Sojasauce
1 TL brauner Zucker
½ TL Sambal Oelek

UTENSILIEN

Grillspieße aus Holz

Den Tofu in etwa 2 cm große Würfel schneiden. Die Pilze putzen. Die Tomaten waschen und trocken tupfen. Die Limette heiß waschen, abtrocknen und in dünne Scheiben schneiden. Alles abwechselnd auf Grillspieße stecken.

Den Ingwer schälen und fein reiben, dann mit Weizenbier, Öl, Sojasauce, Zucker und Sambal Oelek verrühren. Die Tofuspieße mit der Marinade bestreichen und mindestens 30 Minuten ziehen lassen.

Danach die Spieße ca. 8 Minuten grillen, dabei ab und zu wenden.

Falafel

Die Kichererbsenbällchen brauchen etwas Vorbereitungszeit und fallen flacher aus als gewohnt, weil sie sich so besser grillen lassen.

ERGIBT 8 FALAFELN

1 Zwiebel
1 Knoblauchzehe
1 EL Olivenöl
5 Stängel Koriandergrün
5 Stängel glatte Petersilie
400 g Kichererbsen (aus der Dose)
1 TL gemahlener Kreuzkümmel
½ TL Chiliflocken
4 EL Pils
100 g Semmelbrösel

Zwiebel und Knoblauch schälen und fein hacken. Das Olivenöl in einer Pfanne erhitzen und Zwiebel und Knoblauch darin glasig dünsten. Von der Herdplatte nehmen und abkühlen lassen.

Koriander und Petersilie waschen, trocken schütteln und fein hacken. Die Kichererbsen abgießen und in eine hohe Rührschüssel füllen. Zwiebel, Knoblauch, Koriander, Petersilie, Kreuzkümmel und Chiliflocken dazugeben und alles mit dem Pürierstab fein zerkleinern.

Das Bier und die Hälfte der Semmelbrösel hinzufügen und alles zu einer geschmeidigen Masse verkneten. Daraus acht flache Pattys formen und diese mit dem Rest der Semmelbrösel panieren.

Die Falafeln von jeder Seite ca. 4 Minuten grillen.

Glückliche Schafe

Diese veganen Bierköfte machen Menschen und Tiere froh. Erstere, weil sie ihnen lecker schmecken. Und letztere, weil keines von ihnen für sie sterben muss.

FÜR 4 PERSONEN
VEGAN

250 g feine Sojaschnetzel
300 ml dunkles Bier, plus mehr nach Bedarf
2 Knoblauchzehen
2 TL Johannisbrotkernmehl, plus mehr nach Bedarf
1 EL Tomatenmark
1 TL Pul Biber (türkisches Chiligewürz)
Salz und schwarzer Pfeffer aus der Mühle

UTENSILIEN

Grillspieße aus Holz

Die Sojaschnetzel im Bier einlegen, bis sie es komplett absorbiert haben. Den Knoblauch fein hacken. Zusammen mit den anderen Zutaten und den Bierschnetzeln vermengen. Falls die Mischung zu trocken ist, noch etwas Bier, falls sie zu feucht ist, noch 1 Prise Johannisbrotkernmehl zugeben.

Aus der Masse ca. 2 cm dicke Würste formen und auf die Holzspieße stecken. Die Spieße über heißer Glut von allen Seiten gut 2 Minuten erhitzen.

Wir empfehlen dazu unsere Knoblaise (s. Seite 41).

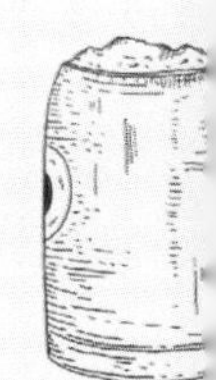

Tagliatelle mit getrockneten Tomaten

Das Bier ersetzt bei diesem Gericht nicht nur die Hälfte der Sahne, sondern verleiht ihm auch eine spritzige Note und rundet die Süße der Tomaten perfekt ab.

FÜR 4 PERSONEN

2 Knoblauchzehen
6 Stängel frischer Oregano
1 EL Olivenöl zum Braten
getrocknete Chiliflocken aus der Mühle
12 getrocknete Tomaten in Öl
100 g Sahne
100 ml Bier
400 g Tagliatelle
Salz

Die Knoblauchzehen hacken. Den Oregano waschen und trocken schütteln, die Blätter von den Stängeln streifen. Olivenöl erhitzen und Knoblauch und die Oreganoblätter darin anbraten. Vier Umdrehungen aus der Chili-Mühle darübergeben (wer's schärfer mag, dreht öfter).

Die Tomaten abtropfen lassen, klein schneiden und hinzufügen. Mit Sahne und Bier aufgießen und bei kleiner Hitze warm werden lassen.

Die Tagliatelle in einem großen Topf mit gesalzenem Wasser nach Packungsangabe al dente kochen. In einem Sieb abtropfen lassen. Dann mit der Sauce vermischen und auf vier Tellern anrichten.

Bierschaum-Käse-Nudeln

FÜR 4 PERSONEN
150 g Gorgonzola
400 g Nudeln
Salz
1 EL Olivenöl
150 ml Pils

Den Gorgonzola in kleine Stücke schneiden.

Die Nudeln 1 Minute kürzer als auf der Packung angegeben in Salzwasser kochen. Durch ein Sieb abgießen.

Olivenöl in den Topf, Nudeln ins heiße Öl, Käse dazu, durchrühren, bis der Käse zu schmelzen beginnt, und Bier drüber. Aufkochen, bis es schön schäumt. Sofort auf Teller verteilen und servieren.

TIPP
Bei Gorgonzola-Gerichten sollte man mit dem Salzen vorsichtig sein, denn der Käse ist sehr würzig.

Pils-Krautfleckerl

Das sind Nudeln, die nicht perfekt geformt sein müssen – eine Nudelmaschine braucht's dafür also nicht.

FÜR 4 PERSONEN

FÜR DEN TEIG
180 g Weizenmehl
80 g Grieß
7 Bio-Eigelb
500 ml Pils
1 TL Olivenöl
Salz

FÜR DAS KRAUT
50 g Zucker
50 g Butter, plus mehr zum Schwenken
1 Zwiebel
600 g Weißkraut
150 ml Gemüsebrühe
Salz und schwarzer Pfeffer aus der Mühle

Für den Teig alle Zutaten und 1 l Wasser mit den Knethaken des Handrührers vermischen. Den fertigen glatten Teig in Frischhaltefolie wickeln und 1 Stunde ruhen lassen. Danach den Teig ausrollen und in etwa 5 cm breite Streifen schneiden. Die Streifen wieder in Stücke schneiden.

Den Zucker in der Butter karamellisieren lassen. Die Zwiebel hacken und mitrösten. Das Kraut in etwa 5 cm große Stücke schneiden und ebenfalls kurz mitrösten. Die Gemüsebrühe aufgießen. Mit Salz und Pfeffer abschmecken und etwa 20 Minuten garen, bis die Flüssigkeit verdampft ist.

Die Nudeln in kochendem Salzwasser etwa 8 Minuten garen, sie sollen noch bissfest sein. Abtropfen lassen und in Butter schwenken. Dann zum Kraut dazugeben.

Käsespätzle

Machen nicht nur Schwaben glücklich und satt. Wasser ist ein geringer, aber elementarer Bestandteil bei der Herstellung des Spätzleteigs. Bier macht das entscheidende Mehr draus. Probieren Sie's aus.

FÜR 4 PERSONEN
400 g Weizenmehl
3–4 Bio-Eier (Größe M)
100 ml Bier
(z. B. Pils, Hell)
Salz
3–5 Zwiebeln
250 g Emmentaler
Butter oder
Olivenöl zum Braten
schwarzer Pfeffer aus der
Mühle

Mehl, Eier, Bier und Salz zu einem zähflüssigen, klumpenfreien Teig verrühren.

Die Zwiebeln in nicht zu dünne Ringe oder – das geht einfacher – halbe Ringe schneiden. Den Käse fein reiben. Die Zwiebeln in einer Pfanne mit etwas Butter anrösten, bis sie braun werden.

Den Spätzleteig mit einer Presse in einen großen Topf mit kochendem, leicht gesalzenem Wasser drücken – oder von Hand vom Brett schaben. Für Käsespätzle sind die mit einem Hobel hergestellten sogenannten Knöpflespätzle weniger geeignet.

Die Spätzle sind fertig, sobald sie oben schwimmen. Mit einem Schaumlöffel abschöpfen und die erste Schicht in eine vorgewärmte Auflaufform geben. Käse darüberstreuen, dann die nächsten Spätzle usw. Am Schluss etwas Pfeffer und die Röstzwiebeln darauf verteilen und servieren.

TIPP

Alle Gerätschaften, die mit dem Spätzleteig in Berührung gekommen sind, nach Gebrauch sofort in kaltem Wasser einweichen, das erleichtert den Abwasch.

Stein-Pils-Risotto

FÜR 4 PERSONEN

FÜR DIE PILZE
200 g frische Steinpilze
1 Zwiebel
1 EL Butter zum Braten
Salz und schwarzer Pfeffer aus der Mühle

FÜR DEN RISOTTO
1 Zwiebel
3 EL Butter zum Braten
120 g Risottoreis
500 ml helles Bier
750 ml Fleischbrühe
Salz und schwarzer Pfeffer aus der Mühle
3 Stängel frische Petersilie zum Garnieren

Die Steinpilze putzen und klein schneiden. Die Zwiebel fein hacken. Die Butter erhitzen, die Zwiebel darin anbraten, danach die Steinpilze zugeben. Nur kurz auf dem Herd lassen, dann herunternehmen und mit Salz und Pfeffer würzen.

Für den Risotto die Zwiebel fein hacken und in der Butter glasig dünsten. Den Reis hinzufügen und mitbraten, bis er ebenfalls glasig ist. Mit dem Bier ablöschen. Unter ständigem Rühren nach und nach die Brühe dazugießen, bis die Reiskörner bissfest sind. Zum Schluss die Steinpilze untermengen und alles mit Salz und Pfeffer abschmecken. Vor dem Servieren mit Petersilie dekorieren.

Käsefondue

Wer dazu auch Bier trinkt, sollte aufpassen, dass er sein Brotstückchen nicht verliert – obwohl als Strafe dafür allenfalls der Abwasch steht und nicht ein Ausflug in den Genfer See wie bei »Asterix bei den Schweizern«.

FÜR 4 PERSONEN
400 g Chester
200 g Emmentaler
250 ml Pils
1 Msp. Kümmelsamen
1 Prise frisch geriebene Muskatnuss
1 Prise gemahlene Nelken
Salz und schwarzer Pfeffer aus der Mühle
Saft von 1 unbehandelten Bio-Orange
2 EL Speisestärke
3 Stängel Petersilie

Den Chester würfeln, den Emmentaler reiben. Das Bier in einem Fonduetopf erhitzen und mit Kümmel, Muskat, gemahlenen Nelken, Salz und Pfeffer würzen. Den Käse dazugeben und bei milder Hitze unter ständigem Rühren schmelzen lassen. Den Orangensaft mit der Speisestärke anrühren und das Fondue damit binden. Petersilienblätter abzupfen, frisch schneiden und unterrühren.

Besonders gut schmecken dazu Laugenbrezen und Landbrot.

Brennnessel-Pils-Risotto

Brennnesseln sind ziemlich gesund – sie wirken entzündungshemmend und harntreibend. Allerdings sollte man sie nicht an viel befahrenen Straßen oder Hunde-Treffpunkten sammeln. Am besten nur die Sprossspitzen und kleine Blätter nehmen, die sind feiner.

FÜR 4 PERSONEN

FÜR DIE BRENNNESSELN

50 g Butter
2 Zwiebeln
2 Knoblauchzehen
250 g Brennnesseln
frisch geriebene Muskatnuss
125 g Sahne
Salz und schwarzer Pfeffer aus der Mühle

FÜR DEN RISOTTO

2 Zwiebeln
50 g Butter
300 g Risottoreis
500 ml Bier (z. B. Pils)
1 l Gemüsebrühe

ZUM VERFEINERN

90 g Butter
3 EL geriebener Parmesan
Salz und schwarzer Pfeffer aus der Mühle

Für die Brennnesseln die Butter erhitzen. Zwiebeln und Knoblauch fein hacken, in der Butter andünsten.

Die Brennnesseln waschen, abtropfen lassen und schneiden. Zu den Zwiebeln geben und mit Muskatnuss würzen. Köcheln lassen, bis die Flüssigkeit verdampft ist, dann die Sahne dazugeben und einkochen lassen. Mit Salz und Pfeffer abschmecken.

Für den Risotto die Zwiebeln fein hacken und in der Butter glasig dünsten. Den Reis hinzufügen und mitbraten, bis er ebenfalls glasig ist. Mit dem Bier ablöschen. Unter ständigem Rühren nach und nach die Brühe dazugießen. Alles kochen, bis die Reiskörner bissfest sind. Dann Brennnesseln, 90 g Butter und geriebenen Parmesan untermischen und noch einmal mit Salz und Pfeffer abschmecken.

Pikante Pfannkuchen mit Pilzfüllung

FÜR 4 PERSONEN

FÜR DEN TEIG
250 g Weizenmehl
300 ml Milch
200 ml Bier
(z. B. Hell, Lager, Export)
3 Bio-Eier (Größe M)
Salz
Butter zum Ausbacken

FÜR DIE FÜLLUNG
400 g Champignons
1 Zwiebel
Olivenöl zum Braten
Salz und schwarzer Pfeffer
aus der Mühle
200 g Sahne
Pils (nach Belieben)
Butter (nach Belieben)
Petersilie

Mehl, Milch, Bier und Eier mit 1 Prise Salz zu einem flüssigen, klumpenfreien Teig verrühren. 1 Stunde stehen lassen.

In der Zwischenzeit Pilze putzen, halbieren und die Hälften in Scheiben schneiden. Die Zwiebel fein würfeln.

Ein Stück Butter in der Pfanne erhitzen. 1 Schöpfkelle Teig in die Pfanne geben und so zerlaufen lassen, dass der ganze Boden dünn bedeckt ist. Den Pfannkuchen erst wenden, wenn die Unterseite nach 3–5 Minuten fest und goldbraun ist. Bei Bedarf noch etwas Butter in die Pfanne geben.

Fertige Pfannkuchen auf einem großen Teller im Backofen bei etwa 70 °C warm halten, bis alle ausgebacken sind.

Pilze und Zwiebel in Olivenöl anbraten, salzen und pfeffern. Die Sahne darübergießen und aufkochen. Wer will, kann etwas weniger Sahne nehmen und dafür noch 1 Schuss Pils zu den Pilzen geben – ist aber nicht nötig, da die Pfannkuchen schon einen würzigen Biergeschmack haben. Ist die Sauce zu dünnflüssig, kann man sie mit einem kleinen Stück Butter binden. Am Schluss frisch geschnittene Petersilie darüber und die Sauce dünn auf den Pfannkuchen verteilen. Diese werden zusammengeklappt oder zusammengerollt serviert.

Dazu passt ein Salat der Saison, zum Beispiel Feldsalat.

Lauchbier-Quiche

Eine vegetarische Alternative zum klassischen Zwiebelkuchen. Der Mürbteigboden dauert nicht so lange wie ein Hefeteigboden.

FÜR 4 PERSONEN

FÜR DEN TEIG

250 g Weizenmehl
100 g Butter, plus mehr für die Form
4–5 EL Bier
1 Bio-Ei (Größe M)
Salz
1 Prise Zucker

FÜR DEN BELAG

300 g Lauch
30 g Butter zum Braten
200 g Bergkäse
4 Bio-Eier (Größe M)
150 g Crème fraîche
100 ml Bier
Salz und schwarzer Pfeffer aus der Mühle
1 Prise frisch geriebene Muskatnuss

UTENSILIEN

Springform (28 cm Ø)

Das Mehl in eine Schüssel geben. Die Butter in Stücke schneiden und mit Bier, Ei, Salz und Zucker hinzufügen. Alles schnell zu einem glatten Teig verkneten und 30 Minuten in den Kühlschrank stellen.

Den Lauch putzen, waschen, abtropfen lassen und in dünne Streifen schneiden. Die Butter erhitzen und den Lauch darin etwa 2 Minuten anbraten. Den Käse reiben und mit Eiern, Crème fraîche, Bier und Lauch gut vermengen. Mit Salz, Pfeffer und Muskatnuss würzen.

Den Teig ausrollen und in die gefettete Springform geben. Dabei einen etwa 3 cm hohen Rand formen. Die Lauchmasse daraufgießen. Die Form in den vorgeheizten Backofen (200 °C) schieben und etwa 35 Minuten backen.

TIPP

Der Teig lässt sich wunderbar zwischen zwei Lagen Frischhaltefolie ausrollen – man erspart es sich damit, die Arbeitsfläche mit Mehl zu bestäuben. Wenn man einen schlechten Teigtag hat, kann es dabei nämlich leicht passieren, dass der Teig trotz Mehl festklebt.

Veggie-Bierger

Diese Burger sind vegetarisch, aber nicht alkoholfrei. Man kann halt nicht alles haben.

FÜR 4 PERSONEN

100 g grober Bulgur
250 ml Bier, plus mehr nach Bedarf
350 g Kichererbsen (aus der Dose)
6 Stängel glatte Petersilie
3 Knoblauchzehen
2 Zwiebeln
½ TL gemahlener Kreuzkümmel
½ TL Chilipulver
Salz und schwarzer Pfeffer aus der Mühle
1 EL Weizenmehl
1 TL Backpulver
1 EL Semmelbrösel
1–2 Bio-Eier (Größe M)
4 Burgerbrötchen

In einem Topf den Bulgur im Bier 10 Minuten quellen lassen, dann erhitzen und etwa 10 Minuten köcheln. Bei Bedarf Bier nachgießen. Am Ende der Kochzeit sollte der Bulgur das Bier komplett aufgesogen haben. Die Kichererbsen in ein Sieb abgießen, kurz waschen und abtropfen lassen.

Die Petersilie waschen, trocken tupfen und frisch schneiden. Knoblauch und Zwiebeln fein hacken. Petersilie, Knoblauch, Zwiebeln, Kichererbsen und Bulgur mit dem Pürierstab zerkleinern. Kreuzkümmel und Chilipulver unterrühren und mit Salz und Pfeffer abschmecken.

Das Mehl mit Backpulver und Semmelbröseln mischen und mit der Kichererbsenmasse vermengen. 1 Ei zugeben und hineinkneten. Falls die Masse noch zu trocken ist, 1 weiteres Ei einarbeiten.

Aus der Masse vier große Burgerpattys formen und auf dem heißen Grill von beiden Seiten in etwa 15 Minuten goldbraun grillen, dabei ab und zu wenden.

Die Brötchen halbieren und die Schnittflächen kurz auf dem Grill anbräunen. Je einen Bierger zwischen zwei Brötchenhälften geben und servieren.

TIPP

Je nach Geschmack können die Bierger zusätzlich mit Zwiebelringen, Tomatenscheiben und Salatblättern belegt werden.

Tofu-Bierger

Pattys für Tofuburger gibt's fix und fertig im Supermarkt zu kaufen. Aber. Unsere sind saftiger und vor allem bieriger.

FÜR 4 BIERGER
VEGAN

1 Knoblauchzehe
2 Karotten
½ Knollensellerie (ca. 200 g)
400 g Tofu
4 EL helles Bier, plus mehr nach Bedarf
2 EL Weizenmehl, plus mehr nach Bedarf
Salz und schwarzer Pfeffer aus der Mühle
4 Pitafladen
2 Tomaten
4 Blätter Romanasalat

Den Knoblauch fein hacken. Karotten und Sellerieknolle schälen und fein reiben. Den Tofu mit dem Stabmixer zerkleinern, dann Bier, Knoblauch und das Gemüse zugeben.

Das Mehl über den Tofu streuen, alles salzen und pfeffern und die Masse mit den Händen verkneten. Falls der Teig zu fest ist, noch etwas Bier, falls er zu flüssig ist, noch etwas Mehl hinzufügen.

Aus dem Teig flache Burgerpattys formen und diese ca. 5 Minuten von jeder Seite grillen. In der Zwischenzeit die Pitafladen aufschneiden, die Tomaten waschen, putzen und in dünne Scheiben schneiden (dabei den Strunk entfernen), die Salatblätter waschen und trocken schleudern.

Die Pitas nach Belieben kurz angrillen, anschließend mit Salat, Tofupattys und Tomaten belegen.

Unsere Vegane Bieronaise (s. Seite 41) passt dazu sehr gut.

Quesagrillas

Man kann die Tortillafladen natürlich auch selbst machen. Wir sparen uns die Arbeit und nehmen gekaufte.

FÜR 4 PERSONEN

1 Tomate
1 Frühlingszwiebel
4 Stängel Koriandergrün
3 eingelegte Peperoni (aus dem Glas)
75 g Käse (z. B. Cheddar, Emmentaler oder Gouda)
50 g saure Sahne
2 EL Bier
Salz und schwarzer Pfeffer aus der Mühle
4 Tortillafladen

Die Tomate mit kochendem Wasser überbrühen und die Haut abziehen. Dann vierteln, entstrunken, entkernen und in feine Würfel schneiden. Die Frühlingszwiebel waschen, putzen und in sehr feine Ringe schneiden. Den Koriander waschen und trocken schütteln, die groben Stängel entfernen und den Rest frisch schneiden. Die Peperoni abtropfen lassen und ebenfalls in feine Ringe schneiden. Anschließend alles miteinander vermengen.

Den Käse reiben, mit saurer Sahne und Bier verrühren und unter das Gemüse heben. Mit Salz und Pfeffer abschmecken und nochmals durchmischen.

Die Tortillafladen je zur Hälfte mit der Mischung bestreichen. Danach zusammenklappen und von jeder Seite etwa 3 Minuten grillen. Der Käse sollte geschmolzen und der Fladen knusprig sein. Nach dem Grillen die Quesagrillas sofort in Stücke schneiden und servieren.

BEILAGEN

Die Beilagen müssen natürlich nicht unbedingt mit Bier zubereitet werden. Wenn etwa schon das Fleisch mit Bier gemacht wird, kann es sogar zu viel des Guten sein. Brühe oder Wasser gleichen die Flüssigkeitsmenge ohne Probleme aus. Umgekehrt kann man auch beispielsweise einen »nüchternen« Schweinebraten mit Bierkraut oder Bierknödeln servieren.

Kartoffelpüree

FÜR 4 PERSONEN
1 kg mehligkochende Kartoffeln
2–3 Lorbeerblätter
Salz
250 ml Milch
50 ml helles Bier
100 g Butter
schwarzer Pfeffer aus der Mühle
frisch geriebene Muskatnuss

Die Kartoffeln schälen, in Stücke schneiden und mit den Lorbeerblättern in Salzwasser kochen. Wenn die Kartoffeln gar sind, das Wasser abgießen und die Lorbeerblätter herausnehmen. Milch und Bier erwärmen, lauwarm mit der Butter zu den Kartoffeln geben und alles stampfen. Mit Salz, Pfeffer und frisch geriebener Muskatnuss abschmecken.

Reiberdatschi (Kartoffelpuffer)

FÜR 4 PERSONEN
750 g Kloßteig (fränkisch, aus rohen Kartoffeln)
1 Bio-Ei (Größe M)
1–2 EL dunkler Doppelbock
Kartoffelmehl (nach Bedarf)
Bratöl oder Fett zum Ausbacken

Den Kloßteig mit Ei und Bier verkneten. Handtellergroße, flache Fladen formen. Falls der Teig zu flüssig ist, mit etwas Kartoffelmehl binden. In heißem Öl schwimmend ausbacken.

Für die süße Variante wird der Doppelbock durch ein Malzbier ersetzt, und es kommt noch 1 EL Zucker in den Teig. Dazu passt Apfelmus.

Kartoffelsalat

Heißt Salat – und der Schwabe sieht's auch so, isst ihn gerne mit Brot oder Breze.

FÜR 4 PERSONEN
1 kg festkochende Kartoffeln
1 Zwiebel
100 ml Pils
1 EL Gemüsebrühpulver
Salz und schwarzer Pfeffer aus der Mühle
1 EL Essig
2 EL Öl

Die Kartoffeln am besten schon am Vortag oder ein paar Stunden vorher kochen, bis sie sich leicht mit einer Gabel anstechen lassen. Wasser abgießen und Kartoffeln stehen lassen.

Die abgekühlten Kartoffeln schälen und in dünne Scheiben in eine Salatschüssel schneiden. Die Zwiebel fein würfeln und ab zu den Kartoffeln. Das Bier leicht erhitzen und das Gemüsebrühpulver darin auflösen, Salz, Pfeffer, Essig und Öl in die Bier-Brühe geben, gut umrühren und über die Kartoffeln gießen. Gut durchmischen.

Variante 1: Ein paar Kartoffeln weniger und dafür ½ Salatgurke schälen und in dünne Scheiben hobeln. Den Gurkensaft abpressen, abgießen und die Gurkenscheiben vor dem Würzen zu den Kartoffeln geben.

Variante 2: Statt der Gurke etwa 10–12 Blatt Endiviensalat quer in schmale Streifen schneiden.

Beide Varianten passen hervorragend zu vielen Fleischgerichten, zu Würstchen, Leberkäse und auch Fisch.

Kürbispüree

Es müssen nicht immer Kartoffeln sein – das Püree aus Kürbis saugt Sauce genauso gut auf.

FÜR 4 PERSONEN
700 g Kürbis (z. B. Muskat- oder Butternuss)
1 Gewürznelke
1 Lorbeerblatt
2 EL Schwarzbier
100 g Sahne
80 g Parmesan
3 EL Butter
Salz und schwarzer Pfeffer aus der Mühle

Den Kürbis halbieren, Kerne und Fasern entfernen. Die beiden Hälften noch einmal teilen. Mit den Gewürzen und dem Bier in Alufolie wickeln. Auf ein Blech in den vorgeheizten Backofen (200 °C) geben. Etwa 1 Stunde backen.

Den Kürbis herausnehmen, aus der Alufolie wickeln und das Ganze abkühlen lassen. Anschließend das Fruchtfleisch von der Schale lösen und durch ein Sieb passieren.

Die Sahne einmal kurz aufkochen lassen, zum Kürbis geben. Den Parmesan reiben und ebenfalls zufügen. Dann die Butter dazu und alles verrühren. Mit Salz und Pfeffer abschmecken.

TIPP

Falls das Püree nicht cremig genug ist, noch etwas Bier und Butter einrühren.

Bierlinsen

Ein Klassiker mit Schuss.

FÜR 4 PERSONEN
250 g Linsen
250 g Suppengemüse (Lauch, Knollensellerie, Petersilienwurzel, Karotte)
50 ml Bier
1 EL Essig
Salz und schwarzer Pfeffer aus der Mühle
Zucker

Die Linsen einweichen (am besten am Vortag).

Das Suppengemüse putzen und klein schneiden. Die Linsen mit Wasser bedecken und bei geringer Hitze zusammen mit dem Suppengemüse weich kochen. Mit Bier, Essig, Salz, Pfeffer und Zucker abschmecken.

Dazu passen Spätzle und Wienerle.

Grillschoten

Dieses supereinfache Rezept lässt sich gut vorbereiten.

FÜR 4 PERSONEN
4 Paprikaschoten (rote, gelbe und grüne)
3 Knoblauchzehen
1 TL grobes Salz
4 EL Olivenöl
4 EL dunkles Bier

Die Paprikaschoten waschen, halbieren und putzen. Jede Hälfte in vier Stücke schneiden. Den Knoblauch schälen und fein hacken.

Knoblauch, Salz, Öl und Bier in einer Schüssel mischen. Die Paprikastücke hineinlegen und mehrfach wenden, bis sie rundum mit der Marinade überzogen sind. Die Schüssel abdecken und die Paprika mindestens 4 Stunden ziehen lassen.

Die Paprikastücke mit der Hautseite nach unten ca. 8 Minuten grillen. Wer mag, schneidet sie vor dem Servieren in Streifen.

Brauerlauch

Lauch ist das ganze Jahr über erhältlich – kommt also zu jeder Jahreszeit frisch und regional auf den Grill.

FÜR 4 PERSONEN
2 Stangen Lauch (ca. 1 kg)
Salz
1 TL Senfsamen
½ TL Koriandersamen
1 EL Semmelbrösel
4 EL Bier
1 TL süßer Senf
2 EL Olivenöl
schwarzer Pfeffer aus der Mühle

Den Lauch putzen, gründlich waschen und die Stangen einmal quer durchschneiden. Den Lauch in kochendem Salzwasser 1–2 Minuten blanchieren, dann kalt abschrecken (am besten in Eiswasser, so bleibt er schön grün). Danach zwischen zwei Lagen Küchenpapier geben und die Feuchtigkeit herausdrücken. Die Stangen auf einen flachen Teller legen.

Senf- und Koriandersamen in einem Mörser zerkleinern. In eine Schüssel geben und mit Semmelbröseln, Bier, Senf und Olivenöl gut vermischen. Mit Salz und Pfeffer abschmecken und nochmals verrühren.

Die Mischung rundum auf die Lauchstangen streichen. Diese in eine Grillschale geben und rund 10 Minuten grillen, dabei öfters wenden.

Spätzle

Spätzle sind ein bisschen aufwendig, aber es lohnt sich. Sie passen zu fast allen Saucengerichten.

FÜR 4 PERSONEN
250 g Weizenmehl, plus mehr nach Bedarf
2–3 Bio-Eier (Größe M)
80 ml Pils oder Helles, plus mehr nach Bedarf
Salz

Mehl, Eier, Bier und 1 Prise Salz zu einem zähflüssigen, klumpenfreien Teig verrühren. Bei Bedarf mit Bier flüssiger oder mit Mehl fester machen.

Den Spätzleteig mit einer Presse in einen großen Topf mit kochendem, leicht gesalzenem Wasser drücken oder von Hand vom Brett schaben. Mit einem Hobel entstehen kleine runde Knöpflespätzle.

Die Spätzle sind fertig, sobald sie oben schwimmen. Wenn die Oberfläche voll ist, mit einem Schaumlöffel abschöpfen, in eine vorgewärmte Schüssel geben und den restlichen Teig in den Topf pressen.

TIPP

Beim Spätzleschaben braucht es vor allen Dingen viel Übung. Man verwendet dazu ein Holzbrettchen mit einer geraden Kante – bei original Spätzlebrettern ist diese abgeflacht. 1 Schöpfkelle Teig aufs Brett geben, mit dem Messer flach verteilen und schräg über den Topf halten. Der Teig sollte von selbst langsam nach vorne fließen. Mit einem langen, glatten Messer den Spätzleteig in dünnen Streifen über die Kante ins kochende Wasser schaben.

Grießklößchen

Eine prima Einlage nicht nur zu (Bier-)Suppen.

FÜR 4 PERSONEN
200 ml Milch
100 ml helles Bier
1 Prise Salz
1 Prise frisch geriebene Muskatnuss
2 EL Butter
100 g Grieß
2 Bio-Eier (Größe M)

Milch und Bier mit Salz, Muskat und Butter vorsichtig aufkochen. Warten, bis sich der Schaum einigermaßen gelegt hat, dann unter Rühren den Grieß einstreuen. Die Masse sollte einen großen Klumpen bilden und sich vom Topfboden lösen. Abkühlen lassen, anschließend die Eier einrühren.

Mit Löffeln oder von Hand Klößchen in der gewünschten Größe formen. Sie sind gar, wenn sie in siedendem Wasser oben schwimmen.

TIPP

Wenn man die Grießklößchen in Salzwasser vorkocht, kann man verhindern, dass die Suppe durch sich ablösende Grießteilchen eingetrübt wird. Die Grießklößchen lassen sich durch frische Kräuter aufpeppen, die in den Teig eingerührt werden.

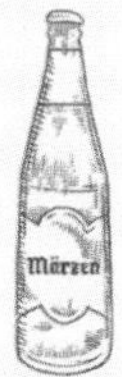

Yorkshire Pudding

Kein Pudding, wie man ihn hierzulande kennt, sondern very British.

FÜR 4 PERSONEN
150 g Weizenmehl
150 ml Milch
100 ml Lager
Salz
2 Bio-Eier (Größe M)
Öl für die Form

UTENSILIEN
Muffinform

Das Mehl in eine Schüssel sieben, mit Milch, Bier und 1 Prise Salz verquirlen. Die Eier unterrühren, bis der Teig glatt und flüssig ist.

Eine Muffinform gut ölen und im vorgeheizten Ofen (230 °C) heiß werden lassen.

Wenn die Form richtig heiß ist, den Teig schnell in die Mulden füllen und die Puddings etwa 20–25 Minuten backen.

Eine klassische Bratenbeilage, z. B. zu Roastbeef.

Bayerische Bier-Brezen-Knödel

Die vollmundige Variante der klassischen Semmelknödel passt zu zahlreichen Bratengerichten mit dunklen, kräftigen Saucen.

FÜR 4 PERSONEN
1 Zwiebel
20 g Butter zum Braten
1 Bund Petersilie
4 trockene Semmeln (Brötchen)
2 trockene Laugenbrezen
100 ml Milch
150 ml kräftiges helles Vollbier (bayerisches Export, Lager oder Märzen)
3 Bio-Eier (Größe M)
Salz und schwarzer Pfeffer aus der Mühle
Mehl (nach Bedarf)

Die Zwiebel fein hacken. Butter in der Pfanne erhitzen und die Zwiebel darin braten, bis sie leicht Farbe annimmt. Die Petersilie frisch schneiden und mit der Zwiebel verrühren. Pfanne vom Herd nehmen und etwas abkühlen lassen.

Währenddessen Semmeln quer halbieren und in dünne Scheiben schneiden, Brezen in kleine Stücke brechen. Milch und Bier in einem Topf leicht erwärmen. Semmeln und Brezen in einer Schüssel mit dem lauwarmen Milchbier übergießen, die Eier und die Zwiebel mitsamt der Butter aus der Pfanne dazugeben, salzen, pfeffern und die Masse durch Rühren und Kneten gut durchmischen – bei Bedarf mit etwas Mehl binden.

Mit feuchten Händen Knödel in beliebiger Größe formen und in kochendes Salzwasser geben. Das Wasser soll in der Folgezeit nur leicht köcheln. Die Knödel brauchen je nach Größe zwischen 12–20 Minuten. Auf alle Fälle müssen sie an die Oberfläche gestiegen sein, dann sind sie fertig.

Zwiebelconfit

Eine Abwandlung des klassischen Rezeptes. Geht ganz einfach, schmeckt köstlich.

FÜR 4 PERSONEN
3 große Zwiebeln
Olivenöl
½ TL brauner Zucker
400 ml Bier
1 Prise Chilipulver
Salz

Die Zwiebeln halbieren und in Scheiben schneiden. Flach in eine kleine Saftpfanne oder einen Bräter geben, mit Olivenöl bedecken und mit dem braunen Zucker bestreuen.

In den auf 200 °C vorgeheizten Backofen schieben. Nach 10 Minuten das Bier hinzugießen.

Nach weiteren 10 Minuten aus dem Ofen nehmen und mit Chili und Salz abschmecken.

Passt zu kurz gebratenem Fleisch und ergibt mit Kartoffelpüree ein vegetarisches Hauptgericht.

Gemüsespieße

Sie sind so bunt, gesund und appetitlich, dass sie auch Fleischfanatiker reizen.

FÜR 4–6 SPIESSE
je 1 gelbe und grüne Paprikaschote
1 Zucchini
1 Aubergine
200 g Kirschtomaten
6 kleine Schalotten
200 g braune Champignons
4 EL Olivenöl
4 EL Hefeweizen
1 EL scharfer Senf
Salz und schwarzer Pfeffer aus der Mühle

UTENSILIEN
Grillspieße aus Holz

Die Paprikaschoten waschen und halbieren. Strunk, Kerne und weiße Innenwände entfernen. Zucchini und Aubergine waschen und die Blütenansätze abschneiden. Die Paprika in ca. 5 cm x 5 cm große Stücke, Zucchini und Aubergine vierteln und in Streifen schneiden.

Die Tomaten waschen und abtropfen lassen. Die Schalotten schälen und das Wurzelende entfernen. Die Champignons putzen (falls die Stiele zu grob sind, diese entfernen). Das Gemüse abwechselnd auf Holzspieße stecken.

Öl, Weizenbier und Senf gut verrühren und mit Salz und Pfeffer würzen. Die Spieße rundum mit der Marinade bestreichen und etwa 8 Minuten grillen. Dabei öfters wenden.

Kohlrabigemüse

FÜR 4 PERSONEN
450 g Kohlrabi mit Blättern
Salz
1 EL Butter
2 EL Bier

Den Kohlrabi schälen und stifteln. Die Blätter fein hacken. Die Stifte in kochendem Salzwasser etwa 3 Minuten garen. Herausnehmen und abtropfen lassen. Die Butter erhitzen und die Kohlrabiblätter darin kurz anbraten, dann die Stifte dazugeben. Das Bier aufgießen und einkochen lassen. Sofort servieren.

Gedünsteter Sellerie

FÜR 4 PERSONEN
1 kleiner bis mittelgroßer Knollensellerie
50 g Butter zum Braten
1 Lorbeerblatt
200–250 ml helles Bier
Salz und schwarzer Pfeffer aus der Mühle
Zucker
1 kleines Bund Petersilie

Den Sellerie schälen und in maximal 1 cm dicke Scheiben schneiden. Butter in einer großen Pfanne erhitzen und die Selleriescheiben darin von jeder Seite 2–3 Minuten anbraten. Das Lorbeerblatt dazugeben und mit der Hälfte vom Bier aufgießen. Mit Salz, Pfeffer und Zucker abschmecken. Die Selleriescheiben brauchen bei schwacher Hitze etwa 20–30 Minuten, um gar zu werden. In dieser Zeit nach und nach das restliche Bier aufgießen. Die Petersilie frisch schneiden und kurz vor Schluss darüberstreuen.

TIPP

Wenn die Pfanne zu klein ist oder die Selleriescheiben zu groß, nacheinander anbraten. Erst vor dem Aufgießen wieder alles in die Pfanne legen und dann gelegentlich wenden.

Grillkohl

Wer Kohl nur als zerkochte Beilage zum Braten kennt, wird ihn mit unserem bierigen Rezept neu entdecken.

FÜR 4 PERSONEN
1 Kopf Blaukraut (Rotkohl, 1–1 ½ kg)
½ TL Zimtpulver
Salz und schwarzer Pfeffer aus der Mühle
100 ml dunkles Bier
200 g Butter

Das Blaukraut waschen und mit Küchenpapier trocknen. Falls die äußeren Blätter unansehnlich sind, diese entfernen. Den Kopf erst halbieren, dann vierteln und den Strunk aus den Vierteln herausschneiden.

Die Viertel in eine Grillschale legen. Zimt, Salz und Pfeffer mit dem Bier mischen und alles über die Kohlviertel gießen. Zum Schluss auf jedes Viertel ein Stück Butter geben.

Die Schale mit Alufolie abdecken, auf den Grill setzen und den Kohl etwa 30 Minuten grillen.

Karottengemüse

Bei Menschen zählen Alter und Erfahrung, bei Karotten gilt: je jünger, desto besser.

FÜR 4 PERSONEN
300 g junge Karotten mit Grün
20 g Butter
10 g Zucker
Salz
125 ml dunkles Bier

Die Karotten so putzen, dass ein bisschen Grün stehen bleibt. Die Butter erhitzen, Zucker und Salz zugeben. Dann die Karotten hinzufügen und anschwitzen. Wenden nicht vergessen. Mit dem Bier aufgießen. Alles im offenen Topf köcheln lassen, bis die Flüssigkeit verdampft ist.

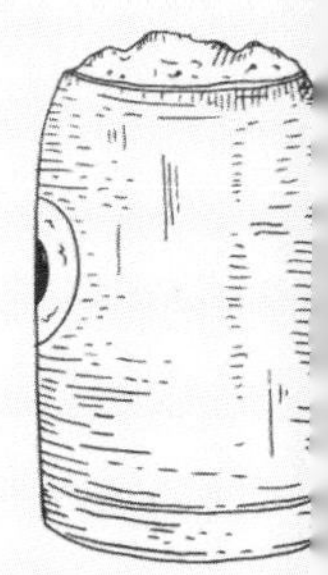

BIER FÜR FEINSCHMECKER

Man nehme …

… einen Schluck Bier und lasse ihn sich auf der Zunge zergehen. Wer dabei nicht nur Hopfenaroma und Malzsüße schmeckt, sondern auch noch Geschmacksnoten wie Johannisbeere, Apfelmus, Schokolade oder Banane entdeckt, der ist schon auf dem besten Weg zum Biersommelier. Den gibt es tatsächlich, wenn auch noch nicht lange. Der Bierberater ist – im Unterschied zu dem aus dem mittelalterlichen Hofamt des Mundschenks (französisch: sommelier) hervorgegangenen Weinkellner – ein Kind des 21. Jahrhunderts. Die Idee zur Ausbildung zum Biersommelier mit Diplomabschluss stammt aus Österreich und wird seit 2004 zusammen mit der Doemens-Brauakademie in Gräfelfing bei München praktiziert. Im Jahr 2005 wurde der Verband der Diplom-Bier-Sommeliers gegründet. Auf der Homepage heißt es: »Der Biersommelier versteht sich als Berater für den Gast als auch für den Gastronomen. Der Gast erhält Informationen zum Bierherstellungsprozess, über die richtige Bierauswahl zur gewählten Speise, erfährt alles über die positiven gesundheitlichen Auswirkungen des moderaten Bierkonsums.« Der Biersommelier lernt »in Seminaren und Verkostungsrunden, seine Sinne auf den genussvollen Bierkonsum zu richten. Er ist verantwortlich für die ausgeschenkte Bierqualität und die perfekte Präsentation des Bieres beim Gast. Er erstellt die Bierkarte, berät den Koch bei Biergerichten und organisiert den Biereinkauf«.

Dass man nicht nur den Wein achten, sondern auch das Bier gebührend würdigen sollte, war Kennern allerdings schon lange klar – auch wenn in der Spitzengastronomie manchmal immer noch einer mehrseitigen Weinkarte ein zwei- oder dreizeiliges Angebot sogenannter Fernsehbiere gegenübersteht. Schade, denn in einem wohltemperierten Bier entfalten sich mehr Aromen, Geschmacks- und

Geruchsnuancen als im Wein. Das bescheinigen nicht nur Sommeliers, sondern auch Wissenschaftler.
Schon aus den vier Grundsubstanzen Malz, Hopfen, Hefe und Wasser allein lässt sich also eine schier unglaubliche Geschmacksvielfalt komponieren. Malz verleiht dem Bier nicht nur Farbe, sondern auch Aroma, und der Hopfen macht nicht nur das Pils herb. Es gibt Hunderte von Sorten, von denen manche sogar Fruchtaromen entfalten, die Biermischgetränke oder Verstöße gegen das Reinheitsgebot überflüssig machen. Hefe sorgt nicht nur für die alkoholische Gärung. Fast jeder Brauer hat seinen eigenen Stamm dieser Pilze gezüchtet, die den Charakter des Bieres wesentlich beeinflussen. Und nicht zuletzt kommt es auch ganz entscheidend aufs Wasser an, aus dem schließlich jedes Bier zu fast 90 Prozent besteht.
Bei rund 1800 Braustätten, die allein im deutschsprachigen Raum mehr als 6000 verschiedene Biere herstellen, lässt sich die Vielfalt erahnen. Und bei allem Respekt vor dem Reinheitsgebot von 1516, das man nicht hoch genug einschätzen kann, schaut man über den Teller- respektive Glasrand, zum Beispiel nach Belgien oder neuerdings in die USA, sieht man, dass noch viel mehr möglich ist. Nicht jedes Experiment mit anderen Zusatzstoffen ist Panscherei. Und selbst innerhalb des Reinheitsgebotes sind Dinge möglich, die die meisten deutschen Brauer erschauern lassen. Den jungen Wilden aus Übersee, die sich einst gegen das Einheits-Bud formierten, bringen die neuen Kreationen inzwischen internationale Preise ein, mit denen sich auch deutsche Brauer gerne schmücken würden.
Entdeckungsreisen in die Welt des Bieres lohnen sich also. Man muss dabei nur auf eines achten: Gefrierschranktemperaturen machen jedes Aroma zunichte. Kühl, nicht kalt, heißt die Devise.

B&B-Zwiebeln

Hier grillen wir nicht für den sofortigen Genuss, sondern für eine hervorragende Beilage beim nächsten Grillfest.

250 g Perlzwiebeln oder kleine Schalotten
10 Salbeiblätter
1 Peperoni
100 ml Balsamicoessig
100 ml dunkles Bier
1–2 TL Honig
Salz

Die Zwiebeln schälen und die Wurzelansätze abschneiden. Die Salbeiblätter waschen und trocken schütteln. Die Peperoni waschen, putzen, entkernen und vierteln. Zwiebeln, Salbei und Peperoni in einer Grillschale auf mittelstarke Hitze stellen und nur leicht angrillen.

Anschließend alles in einen kleinen, feuerfesten Topf geben und mit Balsamico und Bier aufgießen. Kurz aufkochen (auf dem Herd oder Grill) und dann ca. 30 Minuten ziehen lassen. Mit Honig und Salz abschmecken.

Nach dem Abkühlen in saubere (sterilisierte) verschließbare Gläser abfüllen und kühl lagern. Hält sich mehrere Wochen bis zum nächsten Grillen.

TIPP

Kombinieren Sie die B&B-Zwiebeln doch einfach mit den B&B-Stripes von Seite 75.

Beschwipste Kichererbsen

Eigentlich eine Verschwendung. Obwohl die Kichererbsen beim Quellen Bier – und damit den Geschmack – aufnehmen, muss man den Großteil des Einweichbiers wegschütten. Aber vielleicht ist ja mal eine Flasche Bier offen stehen geblieben oder schmeckt ein wenig schal, dann findet sie hier optimale Verwendung, denn auf die Kohlensäure kommt's nicht an.

FÜR 4 PERSONEN
150 g getrocknete Kichererbsen
500 ml Bier
1 Zwiebel
1 Knoblauchzehe
Öl zum Braten
1–2 TL Tomatenmark
Salz
1 EL frisch geschnittene Kräuter (Oregano, Salbei, Thymian)

Die Kichererbsen unter fließendem Wasser gut abwaschen. In eine Schüssel geben und mindestens 12 Stunden in Bier einweichen. Sie sollten gut mit Flüssigkeit bedeckt sein, da sie noch etwas aufquellen. Wenn das Bier nicht reicht, noch etwas nachgießen – Wasser geht auch.

3–4 EL vom Einweichbier aufheben, den Rest abgießen.

Die Kichererbsen 40–60 Minuten in ungesalzenem Wasser weich köcheln.

Die Zwiebel und den Knoblauch fein hacken. In Öl anbraten. Das Tomatenmark mit anschwitzen, mit dem Einweichbier – es darf auch frisches sein – und 3–4 EL Wasser ablöschen. Die gekochten Kichererbsen hinein und erst jetzt mit Salz abschmecken. Frisch geschnittene Kräuter darüber, gut durchrühren und noch ein paar Minuten ziehen lassen.

Sauerkraut

Ein helles, kräftiges Vollbier macht sich gut darin. Pils würde die Säure zu sehr betonen.

FÜR 4 PERSONEN

500–800 g Sauerkraut (1 Beutel oder 1 große Dose)
1 Zwiebel
1 säuerlicher Apfel
1 TL Gemüsebrühpulver
250–300 ml Export oder Lager
Sonnenblumenöl
1 TL Kümmelsamen
2–3 Lorbeerblätter
4–5 Wacholderbeeren (oder Gewürznelken)
Salz und schwarzer Pfeffer aus der Mühle (nach Bedarf)
Zucker (nach Bedarf)

Das Kraut im Sieb abtropfen lassen. Die Zwiebel fein hacken. Den Apfel schälen, vierteln, entkernen und in dünne Schnitze schneiden. Gemüsebrühpulver im Bier auflösen.

Die Zwiebel in etwas Öl glasig andünsten. Apfel und Kümmel ebenfalls kurz mitandünsten. Kraut, Lorbeerblätter und Wacholderbeeren dazu, das Bier darübergießen und gut durchrühren. Das Kraut im geschlossenen Topf etwa 30 Minuten garen. Zwischendurch umrühren und bei Bedarf mit Salz, Pfeffer und/oder Zucker abschmecken.

Blaukraut

Hat nichts mit der Wirkung des Alkohols zu tun. So wird der Rotkohl in manchen Gegenden Süddeutschlands genannt.

FÜR 4 PERSONEN

1 kleiner Kopf Blaukraut (Rotkohl)
1 Zwiebel
1 Apfel
50 g Butter
1–2 TL Salz
250 ml dunkles Bier, plus mehr nach Bedarf
4–6 Gewürznelken
1–2 EL Apfel- oder Bieressig
1 TL Zucker
schwarzer Pfeffer aus der Mühle
frisch geriebene Muskatnuss

Das Blaukraut hobeln oder in feine Streifen schneiden. Die Zwiebel fein würfeln. Den Apfel schälen, vierteln, entkernen und in dünne Schnitze schneiden.

Die Zwiebel in Butter in einem Topf glasig andünsten, das Kraut und den Apfel dazugeben und 4–5 Minuten mitdünsten. Dann salzen und mit dem Bier ablöschen. Nelken und Essig hinzufügen. Etwa 30 Minuten im geschlossenen Topf garen, dabei öfter mal umrühren.

Mit Zucker, Pfeffer und frisch geriebener Muskatnuss abschmecken, bei Bedarf noch etwas Bier aufgießen und weitere 30 Minuten bei mittlerer Hitze garen.

NACHSPEISEN & SÜSSES

Auffallend oft wird hier Bockbier verwendet. Warum ausgerechnet zu den leichten Desserts der schwere Stoff, wird sich manche(r) fragen. Bockbier bringt in der Regel eine eigene Malzsüße mit, das ist der Hauptgrund. Und bei einigen dieser Rezepte ist im Original Wein die Grundlage oder entscheidende Beigabe. Der hat aber immerhin einen doppelt so hohen Alkoholgehalt wie Bockbier. Eine Bockbiercreme ist so gesehen also viel milder als eine Weincreme. Weniger Alkohol, mehr Geschmack, könnte darum die Devise lauten. Das gilt auch für die Weizenbier-Desserts!

Gebackene Erdbeeren

Nicht nur Hollerblüten und Apfelscheiben lassen sich wunderbar in Bierteig ausbacken!

FÜR 4 PERSONEN

500 g Erdbeeren
Mehl zum Bestäuben
Pflanzenfett oder Butterschmalz zum Ausbacken
Puderzucker zum Bestäuben
einige Blättchen frische Minze oder Zitronenmelisse zum Garnieren

FÜR DEN BIERTEIG

140 g Weizenmehl
125 ml Bier
2 EL Öl
2 Bio-Eigelb
1 Prise Salz
2 Bio-Eiweiß
10 g Zucker

Das Mehl mit Bier, Öl, Eigelben und Salz zu einem glatten Teig verrühren. Die Eiweiße mit dem Zucker zu Schnee schlagen. Unter den Teig heben.

Die gewaschenen und geputzten Erdbeeren mit ein bisschen Mehl bestäuben, dann in den Teig tunken.

Fett in einer tiefen Pfanne erhitzen. Die Erdbeeren hineingeben und etwa 2 Minuten ausbacken. Die Beeren herausnehmen und auf Küchenkrepp abtropfen lassen.

Zum Servieren mit Puderzucker bestäuben und mit einigen Blättchen Minze dekorieren.

TIPP

Den Teig mit den Eigelben nicht zu lange rühren – er wird sonst zu zäh.

Hollerküchle

Der Dessertklassiker aus Bierteig, hier mit Vanille und Zimt aufgepeppt.

FÜR 4 PERSONEN
Öl zum Frittieren
12 Holunderblütendolden
Zucker
Zimtpulver

FÜR DEN BIERTEIG
200 g Weizenmehl
300 ml Bier
2 Bio-Eigelb
½ Pck. Vanillezucker
1 Prise Zimtpulver
2 Bio-Eiweiß
Salz
20 g Zucker

Das Mehl mit dem Bier verrühren. Eigelbe, Vanillezucker und etwas Zimt unterrühren. Die Eiweiße mit 1 Prise Salz und dem Zucker steif schlagen und vorsichtig unter den Bierteig heben.

Das Öl erhitzen. Die in den Teig getauchten Holunderblüten im heißen Öl goldbraun ausbacken. Herausnehmen und auf Küchenpapier abtropfen lassen. Zucker und Zimt in einem Teller mischen. Die noch warmen Hollerküchle in die Zimt-Zucker-Mischung dippen.

Dazu passt Vanilleeis, aber auch pur schmecken sie gut.

TIPP

Das Frittieröl hat die richtige Temperatur, wenn an einem Holzlöffel, den man hineintaucht, Blasen aufsteigen.

Erdbierchen

Zu süßen Früchtchen passt Weizenbier ideal.

FÜR 4 PERSONEN
500 g Erdbeeren
2 Stängel Zitronenverbene, alternativ Zitronenmelisse
4 EL Zucker
4 EL Kristallweizen
50 g Butter

Die Erdbeeren waschen und trocken tupfen, dann die Blütenansätze entfernen. Die Zitronenverbene waschen und trocken schütteln. Die Blätter von den Stängeln zupfen und frisch schneiden.

Den Zucker in einer Grillschale mit dem Bier verrühren, bis er sich aufgelöst hat. Die Zitronenverbene unterrühren. Die Erdbeeren in die Mischung legen und mehrmals wenden, bis sie rundum mit der Flüssigkeit überzogen sind.

Die Butter in Flocken über den Erdbeeren verteilen. Die Schale auf den Grill stellen, den Deckel schließen und ca. 8 Minuten grillen.

Die Erdbierchen noch warm mit Sahne, Vanille- oder Pistazieneis servieren.

Apfelküchle im Bierteig

Ein süßer Klassiker mit dem Allrounder Bierteig. Hier in der unkompliziertesten Variante, bei der die Eier nicht getrennt werden.

FÜR 4 PERSONEN

4 große Äpfel
Öl zum Frittieren
Zucker
Zimtpulver

FÜR DEN BIERTEIG

300 g Weizenmehl
3 Bio-Eier (Größe M)
175 ml Bier
Salz
1 Prise Zimtpulver

Mehl, Eier, Bier, Salz und etwas Zimt zu einem nicht zu dünnen Teig verrühren.

Die Äpfel schälen, die Kerngehäuse ausstechen und das Fruchtfleisch in 1 cm dicke Scheiben schneiden.

Das Öl in einer hohen Pfanne erhitzen. Die Apfelscheiben in den Bierteig tauchen, etwas abtropfen lassen und von beiden Seiten goldgelb ausbacken. Die fertigen Apfelküchle auf Küchenpapier abtropfen lassen.

Zucker und Zimt in einer Schüssel mischen.
Die Apfelküchle darin wälzen.

Pur servieren oder mit einer Kugel Vanilleeis.

Süßer Weißbierschaum

Mehr als ein Sahnehäubchen für Obstsalat, Beeren oder Schokoladenspeisen – auf jeden Fall mal was anderes.

FÜR 4 PERSONEN

1 Bio-Ei (Größe M)
1 Bio-Eigelb
80 g Zucker
100 ml helles Hefeweißbier

Ei, Eigelb und Zucker schaumig schlagen. Über einem heißen Wasserbad das Weißbier zugeben und etwa 5 Minuten zu einer cremig-schaumigen Masse verrühren.

Beeren-Bier-Dessert mit Bockbiersorbet

Das dürfte selbst Bierverächter überzeugen. Das Sorbet schwimmt sozusagen in einem Biersüppchen.

FÜR 4 PERSONEN

300 g Beeren (Himbeeren oder Erdbeeren) zum Garnieren
30 g gehobelte Mandeln zum Garnieren

FÜR DIE BIERSUPPE

3 Blatt weiße Gelatine
1 Vanilleschote
500 ml Milch
250 g Sahne
6 Bio-Eigelb
150 g Zucker
250 ml Bockbier

FÜR DAS BOCKBIERSORBET

750 ml Bockbier
Saft von 2 unbehandelten Bio-Orangen
Saft von 1 unbehandelten Bio-Zitrone
2 EL Zucker

Die Gelatineblätter in kaltem Wasser einweichen. Die Vanilleschote der Länge nach aufschlitzen und das Mark herausschaben. Schote und Mark in einen Topf geben, die Milch und die Sahne hinzugießen und aufkochen lassen. Die Schote herausnehmen.

Die Eigelbe mit dem Zucker schaumig schlagen. Die Vanillesahne unter ständigem Rühren bei niedriger Hitze dazugeben. Solange rühren, bis eine Creme entsteht.

Den Topf mit der Creme in ein Eiswasserbad geben. Die Gelatine ausdrücken und in die Creme rühren. Dann das Bockbier untermischen. Mindestens 2 Stunden kalt stellen.

Für das Sorbet das Bockbier mit Orangensaft, Zitronensaft und Zucker verrühren. In eine Eismaschine füllen und gefrieren lassen.

Das Biersüppchen in vorgekühlte tiefe Teller verteilen, Eiskugeln hineinsetzen. Mit Beeren und Mandelblättchen garnieren.

Bieramisu

Die italienische Nachspeisen-Diva verträgt sich wunderbar mit deutschem Weizenbier.

FÜR 4 PERSONEN

3 sehr frische Bio-Eier (Größe M)
80 g Puderzucker
1 Pck. Vanillezucker
250 ml Hefeweißbier
3 Blatt weiße Gelatine
500 g Mascarpone
Salz
200 g Sahne
12 Löffelbiskuits
150 g Erdbeeren
3 EL Zitronensaft
2 EL Puderzucker

Die Eier trennen. Die Eigelbe mit 60 g des Puderzuckers, dem Vanillezucker und der Hälfte des Hefeweißbiers über einem heißen Wasserbad cremig aufschlagen.

Die Gelatine einweichen und ausdrücken. Die Eigelbmischung vom Wasserbad nehmen und die Gelatine darin auflösen. Den Mascarpone unterrühren. Die Masse kalt stellen, bis sie leicht zu gelieren beginnt.

Die Eiweiße mit 1 Prise Salz und dem restlichen Puderzucker steif schlagen. Die Sahne ebenfalls steif schlagen. Beides vorsichtig unter die Mascarponemasse heben.

Die Löffelbiskuits mit dem restlichen Weizenbier tränken und in eine rechteckige Schüssel oder Auflaufform legen. Die Mascarponecreme daraufgeben. Alles mindestens 4 Stunden kalt stellen.

Die Erdbeeren putzen, waschen und abtrocknen. Mit Zitronensaft und Puderzucker mischen und mit dem Stabmixer pürieren. Das Erdbeerpüree auf das Hefeweißbier-Tiramisu gießen und das Bieramisu sofort servieren.

Kölsch-Kaltschale

Scherzhaft bezeichnet man ein blankes Bier als Hopfenkaltschale. Das ist auch unser Lieblingsrezept – aber hier gibt's noch das gewisse Extra.

FÜR 4 PERSONEN
1 l Kölsch
2–3 EL Verdickungsmittel (Maisstärke oder Sago)
100 g Rosinen
1 Zimtstange
2–3 EL brauner Zucker
100 g Pumpernickel

100 ml Bier mit der Stärke verrühren.

Die Rosinen mit der Zimtstange und dem Zucker im restlichen Bier aufkochen und 10–15 Minuten ziehen lassen.

Zimtstange herausnehmen und die Bier-Stärke-Mischung hineingießen, durchrühren und kurz aufkochen. Den Pumpernickel fein zerkrümelt in die Flüssigkeit streuen, diese auf Schalen, Teller oder Gläser verteilen und ein paar Stunden im Kühlschrank kalt stellen.

Berliner Brombeer-Weiße

FÜR 4 PERSONEN
1 l Berliner Weiße
2–3 EL Verdickungsmittel (Maisstärke oder Sago)
250 g Brombeeren
100 g Zucker
Abrieb von 1 unbehandelten Bio-Zitrone

100 ml Bier mit der Stärke verrühren. Die Brombeeren mit Zucker bestreuen.

Das restliche Bier zum Köcheln bringen. Achtung! Es kann stark schäumen. Die Bier-Stärke-Mischung einrühren, etwas Zitronenabrieb hinzufügen, kurz aufkochen, dann etwas abkühlen lassen. Die gezuckerten Brombeeren dazugeben, die Flüssigkeit auf Schalen oder Gläser verteilen und bis zum Servieren in den Kühlschrank stellen.

Malzbiercreme

Aus Österreich und ohne Alkohol, aber sehr gut!

FÜR 4 PERSONEN

4 Bio-Eigelb
1 EL Zitronensaft
1 Prise Zimtpulver
30 g Zucker
125 ml Malzbier

Die Eigelbe, Zitronensaft, Zimt und Zucker in eine Schüssel geben und mit dem Schneebesen schaumig rühren. Danach auf ein heißes Wasserbad setzen. Das Wasser im Wasserbad darf nicht kochen. Die Schüssel, die man daraufsetzt, sollte gut hineinpassen, damit beim Schlagen kein Wasser in die Creme spritzt.

Das Malzbier zugeben und mit dem Schneebesen kräftig schlagen, bis die Creme das doppelte Volumen angenommen hat. Die Schüssel aus dem Wasserbad nehmen und in eine zweite Schüssel mit Eiswasser stellen. Mit dem Schneebesen weiterschlagen, bis die Creme abgekühlt ist.

Dazu passen frische Himbeeren und Schlagsahne.

Erdbierjoghurt

Frisch, fruchtig und ziemlich kalorienarm.

FÜR 4 PERSONEN

100 g Erdbeeren, plus 4 zum Garnieren
2 EL Orangensaft
45 g Zucker
3 Blatt weiße Gelatine
3 EL helles Bier
1 EL Rum
250 g griechischer Joghurt (10 % Fett)

Die Erdbeeren putzen, waschen und pürieren. Orangensaft und Zucker unterrühren und aufkochen lassen.

Die Gelatine in kaltem Wasser einweichen. Bier und Rum erwärmen (nicht kochen lassen!), die ausgedrückte Gelatine darin auflösen. Unter die Erdbeeren rühren und alles abkühlen lassen.

Die Erdbeermasse mit dem Joghurt verrühren. Alles in vier Schälchen füllen und mindestens 3 Stunden in den Kühlschrank stellen. Vor dem Servieren mit jeweils 1 Erdbeere garnieren.

Vanille-Pils-Äpfel mit Orangensauce

Ein schönes Winterdessert. Das Pils harmoniert mit dem Geschmack der Orangen.

FÜR 4 PERSONEN

FÜR DIE ÄPFEL

4 Äpfel
375 ml Pils
100 g Zucker
1 Vanilleschote

FÜR DIE SAUCE

4 unbehandelte Bio-Orangen
60 g Zucker

Die Äpfel schälen und das Kerngehäuse ausstechen. Das Bier mit dem Zucker und der längs aufgeschlitzten Vanilleschote in einem breiten Topf zum Kochen bringen.

Die Äpfel in den Biersud setzen. Den Topf zudecken und die Äpfel bei niedriger Hitze 8–10 Minuten weich dünsten.

Für die Sauce die Schale von 2 Orangen abreiben. Alle Orangen auspressen. Den Zucker in einem Topf karamellisieren lassen und mit dem Orangensaft ablöschen. Auf die Hälfte reduzieren. Abkühlen lassen und die abgeriebene Schale unterrühren.

Die Äpfel auf Tellern anrichten und mit der Orangensauce übergießen.

Wer mag, halbiert die Äpfel und gibt auf jede Hälfte eine Kugel Vanilleeis.

Schwarzbierapfel

Wer mag, trinkt zu diesem Winterdessert Glühwein.

FÜR 4 PERSONEN

4 Äpfel
20 g Rosinen
150 ml Schwarzbier
1 Prise Zimtpulver
2 Gewürznelken
100 g Trockenfrüchte
1 Bio-Eigelb

Die Äpfel waschen und das Kerngehäuse ausstechen.

Die Rosinen mit Bier, Zimt und Nelken aufkochen. Die Trockenfrüchte klein schneiden.

Das Eigelb verquirlen und mit den Trockenfrüchten und den Bierrosinen vermischen. Diese Masse in die Äpfel füllen. Die Äpfel im vorgeheizten Backofen (160 °C) 15–20 Minuten backen.

Dazu passt Vanilleeis.

Bocko-Eis mit Bratquitten

Ein bisschen aufwendiger, dafür aber was ganz Besonderes in der Kombination von Heiß und Kalt.

FÜR 4 PERSONEN

4 Bio-Eigelb
150 g Zucker
150 ml Bockbier
80 g Vollmilchschokolade
250 g Sahne
4 Quitten
100 g Kandiszucker
20 g Butter
2 Vanilleschoten

Eigelbe und Zucker in einer Schüssel über einem heißen Wasserbad verrühren, das Bockbier dazugeben und mit einem Schneebesen verquirlen. Nach etwa 5–8 Minuten Rühren einen Holzlöffel hineintauchen. Wenn die Creme ihn dicklich überzieht, ist sie fertig.

Die Vollmilchschokolade schmelzen lassen und noch auf dem heißen Wasserbad unter die Creme ziehen. Danach die Sahne hinzufügen. Alles auf einem Eiswasserbad etwa 3 Minuten kalt rühren.

Die Creme in eine Eismaschine geben und gefrieren lassen.

Von den Quitten mit einem Tuch den Flaum abreiben und abspülen. Das Kerngehäuse ausstechen. Die Quitten von außen mit dem Kandis bespicken, jeweils 1 TL Butter, 1 EL Kandiszucker und ½ aufgeschnittene Vanilleschote in die Quittenmitte geben.

Die Quitten einzeln in Alufolie wickeln und auf ein Backblech setzen. Im Backofen bei 160 °C etwa 60–80 Minuten braten.

Zusammen mit dem Bocko-Eis servieren.

TIPP

Das Hineintauchen des Holzlöffels wird in der Küchenfachsprache »zur Rose abziehen« genannt, weil die Creme, wenn sie die richtige Konsistenz hat, ein bisschen wie eine Rose aussieht.

Rauchbier-Bömbchen

Auch Kuchen lässt sich grillen.

FÜR 4 BÖMBCHEN

120 g Zartbitterschokolade
70 g Butter, plus mehr für die Förmchen
4 EL Rauchbier (falls nicht vorhanden, geht auch ein dunkles Bier)
2 Bio-Eier (Größe M)
60 g Zucker
40 g Weizenmehl
16 Pistaziennusskerne zum Bestreuen (nach Belieben)

UTENSILIEN

4 Soufflé- oder Muffinförmchen (ca. 6 cm Ø)

Die Schokolade in grobe Stücke brechen. Mit Butter und Bier im Wasserbad schmelzen lassen und verrühren.

Eier und Zucker schaumig schlagen und mit der Schoko-Bier-Mischung vermengen. Zum Schluss das Mehl unterheben.

Die Förmchen mit Butter auspinseln und den Teig einfüllen. Dann auf den Grill stellen und ca. 12 Minuten bei geschlossenem Deckel backen. Wenn die Oberfläche fest ist, sind die Bömbchen fertig.

Nach 10 Minuten Abkühlen können die Küchlein aus den Förmchen gestürzt werden. Wer mag, bestreicht sie mit Bockocreme (s. Bocko-Banane S. 188) und bestreut sie mit Pistazien.

Mandeltörtchen

Unser Tipp: Eine Bratwurst weniger essen, damit noch Platz für dieses bierige Grilldessert bleibt.

FÜR 4 PERSONEN

2 Scheiben TK-Blätterteig
Mehl für die Arbeitsfläche
100 g gemahlene Mandeln
60 g Zucker
1 Bio-Ei (Größe M)
1 EL Sahne
2 EL Bier
4 ganze blanchierte Mandeln

UTENSILIEN

4 Tartelettförmchen (à 10 cm Ø)

Den Blätterteig rund 30 Minuten auftauen lassen, dann auf einer bemehlten Arbeitsfläche ca. 3 mm dick ausrollen und die Platten jeweils halbieren. Die Förmchen mit den Teighälften auslegen, aus den überlappenden Enden einen Rand hochziehen.

Mandeln, Zucker, Ei, Sahne und Bier gut verquirlen und auf die Blätterteigböden in die Förmchen füllen. In die Mitte jedes Törtchens eine Mandel setzen und ca. 25 Minuten bei geschlossenem Deckel grillen. Sie sind fertig, wenn die Mandelmasse leicht gebräunt und nicht mehr flüssig ist. Die Törtchen abkühlen lassen und vorsichtig aus den Förmchen lösen.

Wer mag, isst Schlagsahne oder Vanilleeis dazu.

Ofenschlupfer mit Altbier-Sabayon

Im Ofenschlupfer verwertete man früher altbackenes Brot. Das sparsame Rezept stammt, logisch, aus Schwaben.

FÜR 4 PERSONEN

FÜR DEN OFENSCHLUPFER

4 Brötchen (vom Vortag)
4 Äpfel
1 TL gestiftelte Mandeln
1 TL Rosinen
1 TL Korinthen
40 ml Rum
1 Vanillestange
1 Prise Zimtpulver
3 TL Zucker
4 Bio-Eier (Größe M)
500 ml Milch
Butter für die Form

FÜR DAS ALTBIER-SABAYON

80 ml Altbier
40 g brauner Zucker
4 Bio-Eigelb
½ unbehandelte Bio-Zitrone

Die Brötchen in Würfel schneiden. Die Äpfel schälen, Kerngehäuse entfernen, dann ebenfalls würfeln.

Die Mandeln in einer Pfanne ohne Fett anrösten. Dann mit Rosinen, Korinthen und Rum vermischen. Die Vanillestange aufschlitzen, das Mark herauskratzen und mit Zimt und Zucker dazugeben. Brötchen und Äpfel hineinmischen.

Die Eier mit der Milch verquirlen, darübergießen und unterheben. Die Masse in eine gebutterte Auflaufform geben. Im vorgeheizten Backofen (170–180 °C) etwa 1 Stunde backen.

Für das Sabayon in einer Schüssel Bier, 80 ml Wasser, Zucker und die Eigelbe über einem heißen Wasserbad cremig rühren. Die Schale der Zitrone abreiben und hineinrühren. Zum Ofenschlupfer servieren.

Zimtsoufflé mit Braunbiersößchen

Ein schöner Menü-Ausklang an kalten Tagen.

FÜR 4 PERSONEN

FÜR DAS SOUFFLÉ

80 g Zartbitterschokolade
80 g Butter
50 g Zucker
4 Bio-Eigelb
140 g Elisenlebkuchen
40 ml Milch
1 Msp. Zimtpulver
60 g Walnusskerne
4 Bio-Eiweiß
Salz
Butter für die Förmchen
Zucker für die Förmchen

FÜR DIE SAUCE

125 ml Braunbier
20 g Zucker
4 Bio-Eigelb
Saft von ½ unbehandelten Bio-Zitrone
1 Msp. Zimtpulver

UTENSILIEN

Souffléförmchen (ca. 6 cm Ø)

Die Schokolade im Wasserbad schmelzen. Die Butter mit 40 g Zucker schaumig schlagen. Die Eigelbe und die flüssige Schokolade unterrühren. Die Lebkuchen raspeln und mit der Milch vermischen. Dann den Zimt und die gehackten Nüsse untermengen.

Die Eiweiße mit dem restlichen Zucker und 1 Prise Salz steif schlagen und unter die Soufflémasse heben.

Eine Fettpfanne etwa 2 cm hoch mit Wasser füllen und in den vorgeheizten Backofen (220 °C) stellen. Vier Souffléförmchen erst mit Butter einfetten, dann mit Zucker ausstreuen. Die Soufflémasse hineinfüllen und ins Wasserbad im Backofen setzen. Etwa 25–30 Minuten backen.

Alle Zutaten für das Sößchen über einem heißen Wasserbad schaumig schlagen.

Die Soufflés auf Teller stürzen und mit der Sauce übergießen.

Rumtopffrüchte passen gut dazu.

Bocko-Waffeln

Die sind was für das große Kind in jedem von uns!

FÜR CA. 12 WAFFELN

125 g Butter
50 g Zucker
1 Pck. Vanillezucker
1 EL Kakaopulver
1 Prise Salz
4 Bio-Eier (Größe M)
250 g Weizenmehl
1 TL Backpulver
125 ml dunkles Bockbier, plus mehr nach Bedarf
125 g Sahne
Öl für das Waffeleisen

UTENSILIEN

Waffeleisen

Die Butter mit Zucker, Vanillezucker, Kakao, Salz und Eiern schaumig schlagen.

Das Mehl zusammen mit dem Backpulver in eine Schüssel sieben. Löffelweise abwechselnd mit dem Bockbier und der Sahne unterrühren. Falls der Teig nicht dünnflüssig genug ist, noch etwas Bockbier zugeben.

Das Waffeleisen mit Öl auspinseln und erhitzen. Den Teig portionsweise mit einem kleinen Schöpflöffel hineingeben und etwa 4–6 Minuten backen.

TIPP

Am besten schmecken die Waffeln frisch aus dem Eisen, dick mit Puderzucker bestäubt.

Bocko-Banane

Ein schnelles, süßes Vergnügen, weil die Bockofüllung schon auf dem Grill geschmolzen werden kann, während dort noch Würstchen und Steaks brutzeln.

FÜR 4 PERSONEN

100 g Zartbitterschokolade (wer's süßer mag, nimmt Vollmilch)
1 EL Butter
100 ml Bockbier
4 Bio-Bananen

Die Schokolade in mittelgroße Stücke brechen und mit der Butter in eine feuerfeste Form geben. Auf dem Grill (alternativ im Wasserbad auf dem Herd) erhitzen, bis die Schokolade geschmolzen ist. Nach und nach das Bockbier unterrühren, bis eine cremige Masse entsteht. Von der Hitze nehmen und leicht auskühlen lassen.

Die Schale der Bananen längs einschneiden und einen ca. 1 cm breiten Streifen über die ganze Länge der Banane hinweg entfernen. Das Fruchtfleisch in regelmäßigen Abständen quer einschneiden, zusätzlich kleine Keile herausschneiden und die Bockocreme hineinstreichen. Die Bananen mit der Schalenseite nach unten bei nicht zu starker Hitze 8–10 Minuten grillen.

Bocko-Kuchen

Ein leicht und schnell zubereiteter Geburtstagskuchen für Bierfans. Das Bockbier macht den Kuchen saftig, gibt ihm eine dezent alkoholische Note und passt wunderbar zur Schokolade.

FÜR 1 KASTENFORM

FÜR DEN RÜHRTEIG

200 g weiche Butter
200 g Zucker
1 Pck. Vanillezucker
3 Bio-Eier (Größe M)
250 g Weizenmehl
3 gestrichene TL Backpulver
3 TL Kakaopulver
125 ml Bockbier
125 g grob gehackte Pekannusskerne oder Walnusskerne
100 g geraspelte Zartbitterschokolade
Fett für die Form

FÜR DIE GLASUR

100 g Halbbitterkuvertüre
100 ml Bockbier

UTENSILIEN

Kastenform (30 cm x 11 cm)

Die Butter mit dem Handrührgerät auf höchster Stufe schaumig schlagen. Nach und nach Zucker, Vanillezucker und anschließend die Eier unterrühren. Das Mehl mit Back- und Kakaopulver mischen und sieben. Abwechselnd mit dem Bockbier in die Buttermischung rühren. Zuletzt Nüsse und Schokolade unterheben.

Den Teig in eine gefettete Kastenform geben und glatt streichen. Die Form in den vorgeheizten Backofen (180 °C) schieben. Etwa 60 Minuten backen.

Wenn der Kuchen fertig ist (an einem Zahnstocher bleibt kein Teig mehr kleben), aus dem Ofen nehmen und noch etwa 10 Minuten in der Form stehen lassen. Danach herauslösen und auf einen Kuchenrost oder Teller stürzen. Wieder umdrehen und erkalten lassen.

Für die Glasur die Kuvertüre im Wasserbad bei schwacher Hitze schmelzen lassen. Das Bockbier nach und nach unterrühren. Den Kuchen damit bestreichen.

Süße Bockbier-pfannkuchen

FÜR 4 PERSONEN

250 g Weizenmehl
200 ml Milch
200 ml Bockbier (dunkler Doppelbock)
2–3 Bio-Eier (je nach Größe)
2 TL Zucker
Butter zum Ausbacken
Himbeer- oder Erdbeerkonfitüre
Puderzucker zum Bestäuben

Mehl, Milch, Bier, Eier und Zucker zu einem dünnflüssigen, klumpenfreien Teig verrühren. 1 Stunde ruhen lassen. Etwas Butter in der Pfanne erhitzen. 1 Schöpfkelle Teig in die Pfanne geben und zerlaufen lassen, bis der ganze Boden dünn bedeckt ist. Den Pfannkuchen erst wenden, wenn die Unterseite nach 3–5 Minuten fest und goldbraun ist.

Die Pfannkuchen auf einem großen Teller im Backofen bei etwa 70 °C warm halten, bis alle ausgebacken sind.

Die Pfannkuchen dünn mit Konfitüre bestreichen und zusammenrollen, mit Puderzucker bestreuen und servieren.

Bockbiermuffins

Bockbier ist so vielseitig, dass es sich auch in Muffins gut macht.

FÜR CA. 18 MUFFINS

FÜR DEN TEIG

225 g Weizenmehl
1 ½ TL Backpulver
½ TL Backnatron
1 Pck. Vanillezucker
320 g Zucker
150 g Butter, plus mehr für die Förmchen
3 EL Kakaopulver
125 ml helles Bockbier
100 g Buttermilch
3 Bio-Eier (Größe M)

FÜR DEN GUSS

25 g Butter
1 ½ EL Kakaopulver
50 ml Bockbier
200 g gesiebter Puderzucker
100 g gehackte Walnusskerne

UTENSILIEN

Muffinförmchen (ca. 6 cm Ø)

Für den Teig Mehl, Backpulver, Natron und Vanillezucker vermischen und in eine Rührschüssel sieben. Restliche Zutaten dazugeben und alles mit dem Handrührgerät schnell zu einem glatten Teig verarbeiten.

Den Teig in 18 gefettete Muffinförmchen füllen, in den vorgeheizten Backofen (Ober-/Unterhitze, 180 °C) schieben und etwa 25 Minuten backen.

Die Muffins kurz in den Förmchen abkühlen lassen. Danach herauslösen.

Für den Guss Butter, Kakao und Bockbier zum Kochen bringen, kurz einkochen lassen. Den Topf von der Platte nehmen und den Puderzucker unterrühren. Den Guss auf die noch warmen Muffins geben und mit den Nüssen bestreuen.

TIPP

Die Muffins schmecken auch alkoholfrei mit Malzbier.

BOWLEN &
GETRÄNKE

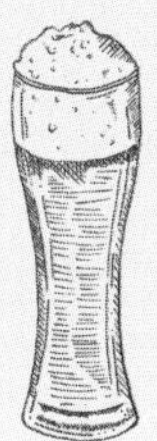

Kristallkelch

Mit dem kohlensäurereichen Kristallweizen kann man sich in mancher Bowle den Sekt sparen. Hier eine tropische Variante:

FÜR 4 PERSONEN

500 g Südfrüchte (z. B. Ananas, Sternfrucht, Kiwi, Litschi)
2–3 EL Zucker
500 ml Apfelcidre
1 l Kristallweizen

Die Früchte in kleine Stücke schneiden und mit Zucker bestreuen. Erst Cidre, dann Weizenbier eisgekühlt darübergießen und durchrühren.

Auf Weizenbiergläser verteilen und servieren.

Bier-Beeren-Bowle

FÜR 4 PERSONEN

1 l Kristallweizen
500 g Erdbeeren oder Himbeeren (oder eine Mischung davon und dazu noch 1 Handvoll Brombeeren, Stachelbeeren, rote Johannisbeeren)
2–3 EL Beerensirup
1 Flasche Sekt
1 EL Puderzucker zum Bestäuben

Gut gekühltes Weizenbier vorsichtig in eine große Glasschüssel gießen. Wenn sich der Schaum gelegt hat, die Beeren und den Sirup hineingeben, mit dem Sekt aufgießen, Puderzucker darüberstäuben und 30 Minuten im Kühlschrank kalt stellen.

Bier Royal

Der Aperitif. Als Champagnerweizen wurde das Kristallweizen früher oft bezeichnet – bis das juristisch mit der geschützten Herkunftsbezeichnung des französischen Schaumweins kollidierte.

FÜR 4 PERSONEN
40 ml Crème de Cassis
500 ml Kristallweizen

Cassis auf Sektgläser verteilen und mit eisgekühltem Kristallweizen aufgießen.

Caibierinha

Im Vergleich zum brasilianischen Original schon fast ein Softdrink.

FÜR 4 PERSONEN
2 unbehandelte Bio-Limetten
4 gestrichene EL brauner Rohrzucker
zerstoßenes Eis
1 l Pils

Die Limetten gut waschen und trocken reiben. Mit der Schale in Scheiben schneiden, die Endstücke wegwerfen – da sind unerwünschte Bitterstoffe drin. Die Limettenscheiben auf vier Bechergläser (Fassungsvermögen etwa 0,4 l) verteilen. Jeweils 1 EL Rohrzucker darüber und die Limetten mit einem Holzmörser oder Kochlöffel zerdrücken. Die Gläser mit zerstoßenem Eis auffüllen und mit sehr kaltem Pils aufgießen. Vorsichtig durchrühren und servieren.

Daibieri

Der Daiquiri ist die kubanische Schnell- und Kurzversion des Caipirinha – und funktioniert ebenfalls mit Bier. Wir nehmen mal Kölsch und servieren das Ganze als Aperitif.

FÜR 4 PERSONEN
4 EL Limettensaft
(alternativ Zitronensaft)
ca. 500 ml Kölsch
(oder Kristallweizen)
4 TL Rohrzuckersirup
(oder Zuckersirup)

Limettensaft und Bier gut kühlen. Je 1 EL Limettensaft und 1 TL Zuckersirup in eine Kölschstange (ein schlankes, hohes 0,2-l-Glas) geben. Mit Bier aufgießen. Trinkhalm rein, damit umrühren und servieren.

TIPP

Vom Cocktailshaker wird dringend abgeraten, denn Bier schäumt nun mal sehr stark.

Rhabarbier

Die erste Reaktion von Freunden war: »Bier und Rhabarbersaft – ach, neee!« Dann kam der erste Schluck und ein überzeugtes: »Ja, bitte!«

FÜR 4 PERSONEN
800 ml Rhabarbersaft
(50 % Fruchtsaftgehalt)
80 ml Gin
1 l Pils

Vier große Pilstulpen (Fassungsvermögen ½ l) mit je 200 ml Rhabarbersaft befüllen, jeweils 20 ml vom Wacholderschnaps dazu und mit Pils auffüllen.

Ingwerbier

Ein Digestif. Nicht zu verwechseln mit Ginger Ale.

FÜR 4 PERSONEN
ca. 30 g frischer Ingwer
1 l Pils

Gut die Hälfte vom Ingwer abschneiden und schälen. In zwei bis drei Stücke schneiden und in 250 ml Wasser etwa 30 Minuten auskochen. Den Sud abkühlen lassen, dann im Kühlschrank 1–2 Stunden kalt stellen.

Die ausgekochten Ingwerstücke herausnehmen. Den Saft auf schlanke Gläser verteilen und mit Bier aufgießen. Den restlichen frischen Ingwer schälen und möglichst fein darüberreiben.

TIPP

Mit Pils wird's ziemlich bitter. Das passt zu einem Verdauungstrank. Wer es milder mag, kann auch ein weniger hopfiges Helles nehmen und/oder 1 Prise braunen Zucker einrühren.

Glühbier

Ja, das geht. Und ja, das schmeckt.

FÜR 4 PERSONEN
1 l dunkles Bier
½ Zimtstange
2 Gewürznelken
1 Sternanis
Abrieb von 1 unbehandelten Bio-Orange
2–3 TL brauner Zucker
100 ml Kirschsaft

Das Bier mit Zimt, Nelken und Sternanis in einem Topf langsam erhitzen, nicht kochen. Wenn sich der Schaum gelegt hat, etwas Orangenabrieb hinzufügen und den Zucker zugeben. 15–20 Minuten ziehen lassen. Erst kurz vor Schluss den Kirschsaft hinzugießen.

Eier-Bier

Die 60er-Jahre lassen grüßen.

FÜR 4 PERSONEN

2 Bio-Eier (Größe M)
50 g Zucker
1 Flasche Weizenbier

Eier und Zucker mit dem Handrührgerät schaumig schlagen, das gekühlte Weizenbier unterschlagen und sofort servieren.

Dazu passen Pumpernickel-Kanapees und Toast Hawaii.

Radler

FÜR 4 PERSONEN

2 l Zitronenlimonade
2 l helles Bier

Der klassische Bier-Longdrink, im Norden auch als Alsterwasser bekannt. Einfacher geht's kaum: Halb und halb Zitronenlimo und Bier. Radeln macht Durst – daher ist hier die Maß das Maß aller Dinge.

TIPP

Mit Weizenbier heißt das Radler Russ bzw. Russ'nmaß. Eine Erklärung, wie der Begriff »Russ« entstand, liefert folgende Geschichte: Nach dem Ersten Weltkrieg versammelten sich die kommunistischen Anhänger einer Räterepublik, im Volksmund »Russen« genannt, in München im Mathäser-Keller. Weil die Revolution zwar ordentlich Durst machte, die Revolutionäre aber trotzdem einen halbwegs klaren Kopf behalten sollten, mischten sie das Weizenbier mit Limonade. Das erfrischende Getränk setzte sich bald in Bayern durch, die Räterepublik allerdings nicht.

Warmes Bier mit Honig

Ein bewährtes Hausmittel bei Erkältungen. Weil hoffentlich nicht gleich vier Erwachsene gleichzeitig erkältet sind, hier nur die Zutaten für eine Portion.

FÜR 1 PERSON

250 ml helles Bier (kein Pils)
1–2 TL Honig

Bier in einem Topf erwärmen (nicht kochen). Wenn sich der Schaum gelegt hat, das warme Bier in eine große Tasse gießen, den Honig dazu und durch Rühren auflösen. Sofort ins Bett legen und trinken.

Goaßmaß

Noch ein Klassiker, vor allem in Niederbayern. Hat sich dort auch nach Erfindung der Alcopops gehalten.

FÜR 1 MASS (1 L)

500 ml dunkles Bier
500 ml Cola
40 ml Kirschlikör

Bier in den Krug, Cola drüber und zum Schluss den Likör hinein.

Und zu guter Letzt unser Lieblingsrezept:

2 Bier im Glas

FÜR 4 PERSONEN

Natürlich 4 Bier. Sorry!

Prost!

HINWEIS: ALKOHOL

»Alkohol? Der verkocht doch!« Nicht ganz. Tatsächlich liegt der Siedepunkt von Trinkalkohol (Ethanol) bei 78 °C – eine Temperatur, die auf dem Grill meist noch schneller erreicht wird als im Kochtopf. Wie viel sich vom Alkohol aber wirklich verflüchtigt, hängt sehr stark von Menge und Zeit ab. Und bei kalten Saucen und Salatdressings bleibt er natürlich voll erhalten. Allerdings sind hier oft nur geringe Mengen im Spiel. Bei einer Sauce, die für 4–6 Portionen 100 ml Bier enthält, ergibt das etwa 1 Schnapsglas voll Bier pro Portion. Und beim Dressing ist es noch weniger. Wer die Sauce also nicht eimerweise konsumiert, braucht sich keine Sorgen um seinen Führerschein zu machen. Wenig bis gar nichts vom Alkohol bleibt auch beim Grillen von mariniertem Fleisch, Tofu oder Gemüse übrig. Vorsicht ist angebracht, wenn Kinder mit dabei sind. Da sollte man auf alkoholfreies oder Malzbier ausweichen – oder es ganz lassen. Letzteres gilt auch, wenn für trockene Alkoholiker gegrillt wird.

Etwas komplizierter verhält es sich, wenn Biermarinaden zu Saucen eingekocht werden, sowie bei Hackfleisch oder Sojaschnetzeln, die mit Bier vermengt werden. Bei einer Sauce, die bei offenem Topfdeckel lange eingekocht wird, verdunstet fast der ganze Alkohol, und zurück bleibt nur der erwünschte gute Biergeschmack. Wird sie nur erwärmt oder köchelt bei geschlossenem Deckel, sieht es anders aus. Wie viel übrig bleibt, haben amerikanische Forscher* mal genau nachgemessen. Sie sind u. a. zu folgenden Ergebnissen gekommen: Nach ¼ Stunde Köcheln waren noch 40 % des Alkohols im Essen, nach ½ Stunde 35 %, nach 1 Stunde 25 % und nach 2 Stunden immer noch 10 %. Und auch beim Grillen, Braten oder Backen von alkoholgetränkten Festkörpern bleibt mehr drin als gemeinhin gedacht.

Bier hat in dieser Hinsicht jedoch einen großen Vorteil: Selbst ein kräftiges Bockbier bringt von Haus aus nur die Hälfte des Alkohols eines Weines mit sich. Wer aber zum Beispiel unsere Bockburger (s. Seite 74) in sehr großen Mengen verzehrt, dem raten wir trotzdem:
Don't eat and drive!

**J. Augustin, E. Augustin, R. L. Cutrufelli, S. R. Hagen, C. Teitzel: Alcohol Retention in Food Preparation (Journal of the American Dietetic Association), 1992, S. 486–488.*

GRUNDREZEPTE

Bier-Backteig

In diesen Teig kann man so ziemlich alles tunken und anschließend frittieren: Fleisch, Fisch, Gemüse oder Obst. Will man ein Dessert damit zubereiten, gibt man Zucker dazu.

FÜR 4 PERSONEN

200 g Weizenmehl
2 Bio-Eigelb
3 EL Öl
250 ml Bier
1 Prise Salz
2 Bio-Eiweiß

FÜR DIE SÜSSE VARIANTE

1 EL Zucker

Das Mehl mit Eigelben, Öl, Bier, Salz und für die süße Variante Zucker zu einem leicht flüssigen, glatten Teig verrühren. Den Teig anschließend bei Zimmertemperatur 30 Minuten ruhen lassen.

Die Eiweiße zu Eischnee schlagen und unterheben. Den Teig sofort verwenden.

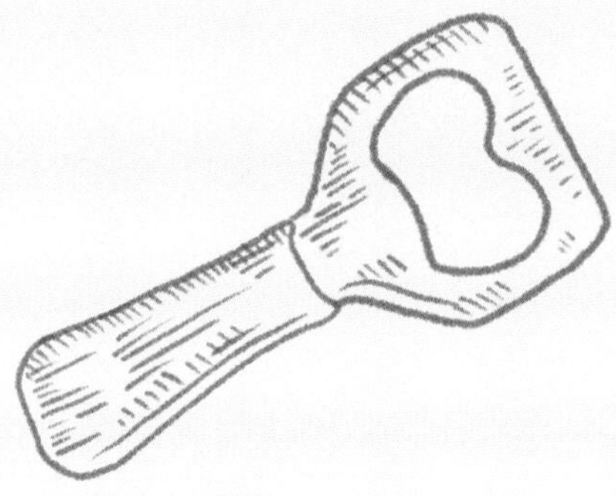

Pizzateig

Wir machen ihn am liebsten mit Hefe in Würfel-, nicht in Pulverform.

FÜR 4 RUNDE PIZZEN (CA. 25 CM Ø)

500 g Weizenmehl, plus mehr zum Arbeiten
30 g Hefe
150 ml helles Bier
1 gehäufter TL Salz
1 gestrichener TL Zucker
2 EL Olivenöl

Das Mehl in eine Schüssel sieben und eine Mulde in die Mitte drücken. Die Hefe fein hineinbröseln. Lauwarmes Bier und 100 ml Wasser darübergießen. Salz und Zucker zugeben, verrühren und 5–10 Minuten stehen lassen.

Alles zu einem möglichst glatten Teig vermengen. Dabei das Olivenöl hinzufügen. Wenn sich der Teig vom Schüsselrand lösen lässt, herausnehmen und auf einer bemehlten Arbeitsfläche kräftig durchkneten.

Den Teig wieder in die Schüssel legen, mit etwas Mehl bestreuen und zugedeckt etwa 1 Stunde an einem warmen Ort gehen lassen. Der Teig sollte dann etwa doppelt so groß sein wie zuvor.

Den Teig wieder herausnehmen und nochmals durchkneten. Er sollte glatt und geschmeidig sein.

Jetzt kann man ihn gleich verarbeiten – oder in Kugeln portionieren und noch 1 Tag im Kühlschrank lassen. Die Kugeln lassen sich auch leicht einfrieren.

Den Teig in der gewünschten Form flach ausziehen. Wer’s nicht lochfrei hinbekommt, kann ihn auch mit dem Nudelholz ausrollen. Nach Belieben belegen. Im vorgeheizten Backofen (250 °C) etwa 10–12 Minuten backen, bis der Teig goldbraun ist.

Nudelteig mit Ei

FÜR CA. 500 G NUDELN

400 g Weizenmehl, plus mehr zum Arbeiten
2 Bio-Eier (Größe M)
1 TL Salz
30–50 ml Bier
1–2 TL Olivenöl

Das Mehl in eine Schüssel sieben. Eine Mulde in die Mitte drücken, Eier und Salz hineingeben und vom Rand her mit dem Mehl verkneten. Während des Knetens nach und nach Bier und Öl zugießen. Wenn sich der Teig von der Schüssel löst, auf eine bemehlte Arbeitsfläche legen und mehrere Minuten kräftig durchkneten, dabei immer wieder flach drücken.

Den Teig zu einem festen Ballen formen, in Frischhaltefolie einwickeln und etwa 1 Stunde an einem warmen Ort ruhen lassen.

Den Teig anschließend in mehrere Portionen teilen und flach ausrollen. 20–30 Minuten trocknen lassen. Dann am besten mit einer Nudelmaschine weiterverarbeiten. Ansonsten noch flacher ausrollen und die Nudeln in der gewünschten Form und Größe ausschneiden.

TIPP

Die Kochzeit hängt von der Dicke der Nudeln und der Konsistenz des Teiges ab. Also vorher testen oder während des Kochens (in Salzwasser) laufend probieren. Nach 3–4 Minuten könnten sie schon al dente sein.

Pastateig

FÜR 450 G PASTA

300 g Hartweizenmehl (Semola di grano duro), plus mehr nach Bedarf
150 ml helles Bier, plus mehr nach Bedarf
Salz
Mehl zum Arbeiten

Das Mehl mit Bier und 1 Prise Salz vermischen und langsam, aber kräftig durchkneten. Ist der Teig zu feucht, einfach noch etwas Mehl dazu, ist er zu trocken, hilft 1 Schuss Bier (oder Wasser). Den Teig zu einem festen Ballen formen, in Frischhaltefolie einwickeln und etwa 1 Stunde an einem warmen Ort ruhen lassen.

Den Teig in mehrere Portionen teilen und auf einer bemehlten Arbeitsfläche flach ausrollen. 20–30 Minuten trocknen lassen. Dann am besten mit einer Nudelmaschine weiterverarbeiten. Ansonsten noch flacher ausrollen und die Nudeln in der gewünschten Form und Größe ausschneiden.

Die Nudeln können sofort gekocht oder – auf Vorrat gemacht – weiter getrocknet werden.

TIPP

Die Kochzeit hängt von der Dicke der Nudeln, der Konsistenz des Teiges und der Trocknung ab. Nach 2–3 Minuten könnte frische Pasta schon al dente sein.

Hartweizenmehl lässt sich besser verarbeiten als Hartweizengrieß. Man kann aber auch den Grieß halb und halb mit normalem Mehl mischen. Das Bier kann auch mit Wasser verdünnt werden, die Flüssigkeitsmenge darf sich dadurch aber nicht erhöhen. Der Teig kann mit etwas Olivenöl geschmeidiger gemacht werden.

Würziges Brauerbrot

FÜR 1 LAIB BROT (CA. 800 G)

500 g Roggenmehl
50 g Sauerteig (Roggensauer)
¼ Würfel Hefe
200–250 ml bernsteinfarbenes Lager oder Export
1 EL Kümmelsamen
1 EL Koriandersamen
2 TL Salz
100–200 ml Wasser
Mehl zum Bestäuben

Die Hälfte des Mehls in eine Schüssel sieben. Sauerteig und zerbröckelte Hefe mit dem lauwarmen Bier verrühren und mit dem Mehl mischen. Den Teig leicht kneten. Die Schüssel mit einem Tuch zudecken und den Vorteig über Nacht bei Raumtemperatur gehen lassen.

Am nächsten Tag Kümmel und Koriander (man kann auch noch Fenchel und Anis nehmen) in einem Mörser leicht zerstoßen. Das restliche Mehl auf den Teig sieben, mit den Gewürzen und Salz verrühren und verkneten, dabei so viel lauwarmes Wasser (oder Bier) zugeben, dass der Teig geschmeidig bleibt, aber nicht auseinanderläuft. Erneut zudecken und an einem warmen Ort nochmals 2–3 Stunden gehen lassen.

Alufolie aufs Backblech legen. Aus dem Teig einen flachen Laib formen und auf die Folie legen. Den Ofen auf 250 °C vorheizen. Inzwischen den Teig mit Wasser (oder Bier) bestreichen. Eine kleine, feuerfeste Schale oder ein Backförmchen mit Wasser füllen und in den Ofen stellen.

Den Brotteig leicht mit Mehl bestäuben und kreuz- oder rautenförmig einschneiden. Das Backblech auf die untere Schiene schieben und etwa 1–1½ Stunden backen. Nach 30 Minuten die Schale aus dem Ofen nehmen und die Temperatur auf 200 °C reduzieren.

Den Ofen ausschalten, das Brot herausnehmen, nochmals mit kaltem Wasser bestreichen und in der Restwärme des Ofens trocknen und ruhen lassen.

TIPP

Den Sauerteig kann man auch selbst ansetzen, es gibt ihn aber bei den meisten Bäckern fertig zu kaufen – man sollte ihn sicherheitshalber vorbestellen.

BIERMENÜS

Bier an einem Sommerabend

Ein leichtes Menü für laue Lüftchen auf der Terrasse oder auf dem Balkon – ganz ohne Fleisch.

Zum Essen Pils servieren, denn das findet sich auch in den Gerichten wieder.

Als Aperitif ein Rhabarbier (S. 194)

Ziegen-Bock-Tomaten (S. 141)

Brauersalat (S. 48)

Zucchini-Bier-Frittata (S. 145)

Erdbierjoghurt (S. 182)

Schnell mit 4 Gängen

Ein Menü für alle, die nicht gerne lange in der Küche stehen.

Zu Suppe und Salat ein dunkles Bier servieren, zum Zander ein Pils und zum Bratapfel wieder ein Dunkles.

Zwiebelsuppe (S. 62)

Romanasalat mit Altbieraigrette (S. 53)

Gedünstetes Zanderfilet (S. 132)

Schwarzbierapfel (S. 183)

Etwas Warmes für den Winter

Wenn's draußen kalt ist, dann wärmt dieses Biermenü wunderbar.

Zum Essen ein gold- bis bernsteinfarbenes Export oder Märzen servieren. Das hellt die dunkle Jahreszeit und auch die dunklen Saucen auf und bringt schon einen Vorgeschmack auf den Frühling.

Als Aperitif ein Bier Royal (S. 193)

Kürbis-Bier-Süppchen (S. 62)

Feldsalat mit Braunbier-Dressing (S. 49)

Wildschwein in Rauchbiersauce (S. 110)

Zimtsoufflé mit Braunbiersößchen (S. 187)

Als Digestif ein Ingwerbier (S. 195)

Die klassische Sonntagstafel

Ein Menü für Familienfeste (mit erwachsenen Kindern) oder Freundesrunden, die wie bei Muttern speisen wollen.

Zum Fleisch ein einfaches Helles servieren, sonst wird's zu wuchtig.

Vorab ein Weißbier-Frühschoppen (aber ohne Weißwürste!). Ein helles Weizen weckt den Appetit und hält auch noch zur Suppe und zum Salat vor.

Schwäbische Flädlesuppe (S. 61)

Eichblattsalat mit Kerbel-Kristallweizen-Dressing (S. 48)

Böfflabier (S. 78)

Hollerküchle (S. 177)

Das Mittel-mee(h)r-Menü

Auch wenn Sie nicht zu denen gehören, die – frei nach Robert Gernhardt – in der Toskana »mit lautem Organ ›Bringse birra‹ verlangen«, könnte Ihnen dieses mediterrane Menü munden.

Zu diesem Essen passt fast jedes Bier, Hauptsache hell.

Marinierte Sardinen (S. 27)

Gazpacho con Cerveza (S. 64)

Tagliatelle mit getrockneten Tomaten (S. 149)

Schwarzer Geier (S. 112)

Bieramisu (S. 180)

Speisen und Reisen

Ein kulinarischer Kurztrip durch Indien, China und Thailand, mit einem abschließenden Abstecher nach Brasilien.

Indischer Tomatensalat (S. 53),
dazu ein kleines Kristallweizen

Asia-Roastbeef (S. 82), dazu ein Irish Stout

Bierhuhnsuppe (S. 66)

Caibierinha (S. 193)

BBB: Bier – Brunch – Buffet

Eine Auswahl für den Brunch oder das Buffet. Speisen, die sich gut vorbereiten lassen, die auch mal ein, zwei Stunden offen liegen bleiben dürfen und die sich – wenn tatsächlich was übrig bleibt – auch bis zum nächsten Tag halten. Natürlich soll oder muss nicht alles bierhaltig sein. Gemüse zum Dippen (Karotten, Staudensellerie, Chicorée) und Obst gehören ebenso dazu wie Wurst, Käse, Marmelade und Toast oder Brötchen.

Kaltes aus der Bierküche:

Würziges Brauerbrot (S. 204), Rosbierin-Waffeln (S. 14), Grünkernbratlinge (S. 16), Bier-Buletten (S. 19), Kräuterquark (S. 21), Räucherfisch in Kräuteraspik (S. 19), Bierwindbeutel (S. 15), Kartoffelsalat (S. 161), Knobier-Dip (S. 39), Weizen-Kräuter-Dip (S. 38), Knoblaise (S. 41)

Warmes aus der Bierküche:

Erbsensuppe (S. 63), Chili con Carne y Cerveza (S. 70), Lauchbier-Quiche (S. 155), Beschwipste Kichererbsen (S. 173)

Süßes aus der Bierküche:

Gebackene Erdbeeren (S. 176), Apfelküchle im Bierteig (S. 178), Erdbierjoghurt (S. 182), Bockbiermuffins (S. 190), Bocko-Kuchen (S. 189)

Das Schöne am Grillen ist ja, dass man kein ausgeklügeltes Menü zusammenstellen muss, das allen Esspräferenzen gerecht wird. Man legt einfach für jeden und jede das Bevorzugte auf den Grill. Hier unsere Vorschläge.

Alle werden satt und glücklich

Als Appetizer Bier-Crostini (s. Seite 11) und/oder Bier-Speckdatteln (S. Seite 26)

Romana blau (s. Seite 54; für Veganer ohne Käse, dafür mehr Nüsse)

Feurige Frikadellen (s. Seite 93) und Glückliche Schafe (s. Seite 149), dazu Brauerlauch (s. Seite 163)

Als Nachspeise Erdbierchen (s. Seite 177)

TIPP

Hilfreich sind zwei Grillroste oder getrennte Grillzonen, die sich gleichzeitig befeuern lassen. Damit lassen sich Fleisch- und vegane/vegetarische Gerichte klar trennen. So sind Sie auch flexibler, wenn Sie den Grill vor der süßen Nachspeise noch mal reinigen möchten.

Alles Bratwurst, oder was?

Bratwürste sind die Grillklassiker schlechthin. Hier in drei Gängen – für alle, die nicht genug davon kriegen können (egal, ob in der Fleisch- oder Veggie-Variante).

Bratwurstsalat mit Biernen (s. Seite 56)

Fränkische Köfte (s. Seite 93)

Süßscharfe Sauce (mit Bratwursteinlage; s. Seite 32)

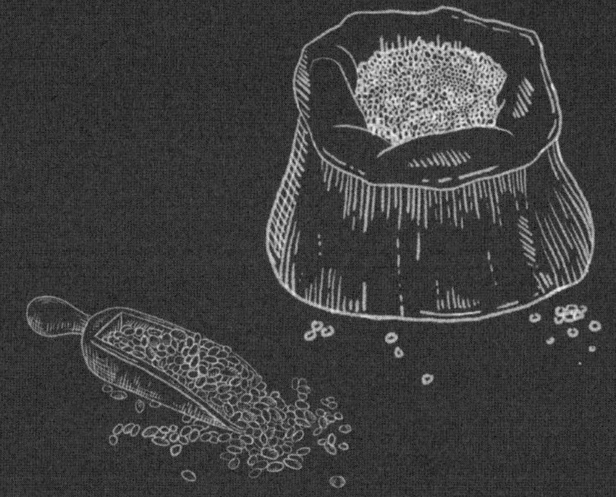

BIERKUNDE

Stammwürze und Steuern

Zunächst ein bisschen Bierokratie: Bier wird, gemäß dem deutschen Biersteuergesetz (BierStG), nach Grad Plato in Steuerklassen eingeteilt. Dabei ist Grad Plato der Stammwürzegehalt des Bieres in 100 g Bier.

Was ist Stammwürze? Der Stammwürzegehalt ist die entscheidende Messgröße beim Bierbrauen. Es handelt sich um den Anteil der aus Malz und Hopfen im Wasser gelösten, nicht flüchtigen Stoffe vor der Gärung wie Malzzucker, Eiweiß, Aromastoffe oder Vitamine. Gemessen wird in Grad Plato (°P), benannt nach dem deutschen Chemiker Fritz Plato, der um 1900 das Maßsystem des böhmischen Chemikers Karl Josef Napoleon Balling von 1843 weiterentwickelte. Umgangssprachlich ist meist aber einfach von »Prozent« die Rede.

Die Stammwürze hat fürs Bier die gleiche Bedeutung wie der Most (gemessen in Grad Oechsle) für den Wein. Sie bestimmt den späteren Alkoholgehalt sowie den Nährwert des Bieres. Die Stammwürze wird mithilfe der Hefe zu je etwa einem Drittel in Alkohol und Kohlensäure vergoren, ein Drittel ist unvergärbarer Restextrakt. Grobe Faustregel also: Stammwürzegehalt geteilt durch drei ergibt den Alkoholgehalt.

Steuerrechtlich gesehen gibt es nur vier Arten von Bier: Einfachbier (Stammwürze 1,5–6,9 %), Schankbier (Stammwürze 7,0–10,9 %), Vollbier (Stammwürze 11,0–15,9 %) und Starkbier (Stammwürze mindestens 16,0 %). Und von denen sind auch nur zwei, nämlich Voll- und Starkbier, fürs Kochen interessant.

Zum Glück sieht die Bierrealität ganz anders aus. Der Vielfalt sind fast keine Grenzen gesetzt. Einen kleinen Überblick liefert das folgende Glossar.

Obergärige Biere

Die obergärige Hefe treibt während der Gärung nach oben. Der Schaum, der sich dabei bildet, schützt das Bier vor Bakterien- und Pilzbefall. Die Gärung verläuft recht schnell. Obergärige Biere hielten sich früher nicht lange und mussten rasch verbraucht werden. Bekannteste Vertreter sind heute Weißbier (Weizen), Kölsch, Alt und Berliner Weiße.

Untergärige Biere

Die untergärige Hefe sinkt bei der Gärung auf den Boden des Gärtanks. Das Bier benötigt eine längere Reifezeit als ein obergäriges, ist aber auch länger haltbar. Weil der Herstellungsprozess Kühlung erfordert, setzte sich die untergärige als ganzjährige Brauweise erst mit der Entwicklung der Kältemaschine ab den 1870er-Jahren mehr und mehr durch. Beispiele für untergärige Biere sind Pils, Märzen und Export.

Hell und Dunkel

Grundsätzlich lassen sich Biere in zwei Arten aufteilen, die sich allein nach der Farbe definieren und noch nichts über die Braumethode aussagen: helle und dunkle Biere. Der Übergang ist dabei fließend. Die Farbpalette reicht von hellblond über goldgelb und bernsteinfarben bis hin zu schwarz. Die Farbe wird vor allem vom verwendeten Malz bestimmt. Je heißer die Luft beim Darren (Trocknen) des Getreides, desto dunkler wird das Malz und damit auch das Bier. Helles Malz wird bei etwa 80 °C, dunkles bei 100 °C gedarrt. Außerdem gibt es auch noch Farbmalz, das bei über 200 °C geröstet wird. Hieraus wird sogenanntes Farbebier hergestellt, mit dem zum Beispiel helles Bier nachgedunkelt werden kann, ohne gegen das Reinheitsgebot zu verstoßen. Wenn in diesem Kochbuch ein helles oder dunkles Bier empfohlen wird, ab und zu auch ein Braunbier, dann wirklich nur wegen der Farbe. Über die Sorte kann jeder nach eigenem Geschmack oder Vorrat entscheiden. Eine Ausnahme bilden Pils und Weizen. Das Pils ist stärker gehopft, das Weizen unterscheidet sich durch seine Grundzutat geschmacklich sehr deutlich.

Craftbeer

Craftbeer ist seit ein paar Jahren in vieler Munde. Doch was verbirgt sich dahinter? Im Heimatland des Reinheitsgebotes vermuten zahlreiche Biertrinker immer noch Panschereien und Bierfrevel hinter Gerstensäften, die nach Südfrüchten duften oder bei denen sich Schokoladennoten herausschmecken lassen. Tatsächlich aber lassen sich mit einer erstaunlichen Vielfalt an Aromahopfen und Röstmalzen Reinheitsgebot und überraschende Geschmacksnuancen in Einklang bringen. Und wenn doch mal etwas anderes als Gerstenmalz, Hopfen und Wasser ins Bier kommt, können Craftbeer-Brauer mit einem Natürlichkeitsgebot argumentieren. Also mit sauberen Rohstoffen – frei nach dem Motto: »Lieber unbehandelte Orangenschalen als gespritztes Getreide.«

Begonnen hat der Trend ausgerechnet in den USA, dem Land von Anheuser-Busch und Miller. Immer mehr Bierfreunde wehrten sich gegen die Massenware, vertrauten auf handwerklich gebrautes Bier mit Geschmack und Charakter – oder brauten es gleich selbst.

In Deutschland verschanzten sich die allermeisten Brauer derweil hinter dem Reinheitsgebot. Sie hatten es nicht nötig, über den Glasrand zu schauen – schließlich brauten sie ja das beste Bier der Welt. Das Ergebnis: Eine Pils-Monokultur (über 50 % Marktanteil), ein aufstrebendes Weizenbier – und daneben nur noch ein bisschen Tradition in Form von Export. Traditionelle Sorten wie Märzen, Zwickel und Lager fristeten ein Randdasein.

Inzwischen gibt es amerikanische Craftbeer-Brauereien (die sich immer noch als Gegenpol zum Industriebier definieren), denen man, gemessen an dem Ausstoß in Deutschland, Konzerngröße attestieren würde. Auf der anderen Seite hat eine neue Generation von Brauern (und Brauerinnen) aus kleinen und kleinsten Privatbrauereien in Deutschland entdeckt, dass Craftbeer wörtlich übersetzt nichts anderes ist als das Ergebnis dessen, was in ihren Familienbrauereien seit Jahrzehnten gemacht wird: handwerkliches Brauen. Zur Rückbesinnung auf traditionelle Biersorten kommt die Experimentierfreude. Zudem geben fortgeschrittene Hobbybrauer der Craftbeer-Szene neue Impulse. Zugegeben: Es ist nicht alles Gold, was schäumt. Aber es hat sich in den letzten Jahren einiges in Sachen Biergeschmack und Biervielfalt bewegt. Und davon profitiert auch unsere Bierküche.

BIERSORTEN

Ale

Ein obergäriges Bier aus Gerstenmalz. Das Wort wird im englischen Sprachraum heute oft als Synonym für »beer« verwendet. Während »beer« aber mit Hopfen haltbar gemacht wurde, war das beim Ale früher nicht der Fall. Ale kann hell (pale) oder dunkel (brown) sein, die Geschmacksrichtungen reichen von leicht bitter bis malzig-süß.

Alt

Altbier wird am besten jung und frisch getrunken. Alt daran ist nur die obergärige Braumethode. Auch wenn es so ähnlich klingt wie »Ale« und diesem auch verwandt ist, hat es also eine andere sprachliche Wurzel. Das meist dunkelbernsteinfarbene, leicht bittere Bier aus Weizen- und Gerstenmalz wird überwiegend am Niederrhein (von Düsseldorf stromabwärts) gebraut und getrunken. Es hat einen Stammwürzegehalt um die 12 % und einen Alkoholgehalt von knapp 5 %.

Berliner Weiße

Die Berliner Weiße tanzt hier mehrfach aus der Reihe. Sie ist ein obergäriges Schankbier (d. h. mit 7–8 % Stammwürze liegt der Alkoholgehalt nur bei ca. 2,8 %) aus Gersten- und Weizenmalz. Berliner Weiße ist eine eingetragene Marke des Verbands der Berliner Brauer. Anders als bei den meisten anderen Bieren folgt hier auf die alkoholische Gärung noch eine Milchsäuregärung. Das verlängert die Haltbarkeit, verleiht dem Bier aber einen säuerlichen Geschmack – weshalb die Berliner Weiße meist »mit Schuss«, also mit süßem Fruchtsirup, getrunken wird.

Bock

Wenn der Stammwürzegehalt über 16 % beträgt, darf sich das Starkbier »Bock« nennen, ab 18 % Stammwürze gar »Doppelbock«. Es gibt unter- und obergärige, helle und dunkle Bockbiere. Sie sind meist malzig, viele auch süßlich. Der Alkoholgehalt liegt meist zwischen 6 und 8 %, kann aber auch noch höher sein. Der Name kommt von der niedersächsischen Stadt Einbeck. Schon im Mittelalter wurde aus dieser Hansestadt das Bier weithin exportiert. Und um es für die lange Reise haltbar zu machen, wurde es extra stark eingebraut. So richtig angekurbelt haben den Bockbierkonsum später dann aber bayerische Mönche. Die benötigten in der Fastenzeit einen kräftigen, flüssigen Brotersatz.

Braunbier

Einst war Braun aufgrund der technischen Möglichkeiten beim Mälzen und Brauen die vorherrschende Farbe beim Bier. Heute stellen nur noch wenige Brauereien explizit Braunbier her. Das untergärige, bernsteinfarbene bis rötlich braune Bier ist meist gering gehopft, malzig-süffig und kräftig.

Dunkles

Dunkles als Lagerbier ist heute vor allem in Bayern noch verbreitet. Es ist ein untergäriges Vollbier, das auch Export-Stärke haben kann. Als Münchner Dunkel ist es mäßig gehopft, mild und hat eine malzig-süßliche Note. Durch Röstmalz werden Farbe und Geschmack manchmal noch intensiviert. Der Alkoholgehalt liegt in der Regel zwischen 4,6 und 5,6 %.

Export

Dieses untergärige Bier heißt so, weil man es auch in ferne Städte und Länder exportieren konnte. Dazu war es stärker eingebraut, und der höhere Alkoholgehalt machte es haltbarer. Weil es aber so gut schmeckte, hat man es gerne auch gleich vor Ort getrunken. Noch heute muss der Stammwürzegehalt bei mindestens 12 % liegen, damit sich das Bier Export nennen darf. Der Alkoholgehalt liegt damit in der Regel zwischen 5,2 und 5,6 %. Es ist ein schwach gehopftes, helles oder dunkles Bier, zu dessen Herstellung mehr Malz verwendet wird als bei einem einfachen Hellen oder Lager. Das wirkt sich natürlich auch auf den Geschmack aus, der oft als aromatisch, weich, vollmundig und würzig beschrieben wird.

Helles

Hell ist vor allem in Süddeutschland, aber auch im Westen als Sortenbezeichnung für helles Lagerbier weitverbreitet. Das untergärige Vollbier hat eine Stammwürze zwischen 11 und 13 % und einen Alkoholgehalt von meist 4,5–5 %, manchmal auch darüber. Im Geschmack ist das Helle in der Regel weniger süß, obwohl im Vergleich zum Pils der Hopfen weniger, das Malz etwas mehr betont ist.

India Pale Ale (IPA)

India Pale Ale ist eine stärkere Version des britischen Pale Ale. Das obergärige Bier wurde ab dem 19. Jahrhundert für den Export in die britischen Kolonien extra stark eingebraut, um es für den langen Seeweg haltbar zu machen (vgl. Export). Dabei setzte man jedoch nicht nur auf einen höheren Alkoholgehalt (bis zu 8 %), sondern auch auf eine extra starke Hopfung – denn auch Hopfen wirkt konservierend. Der Legende nach sollte das Bier dann vor Ort 1:1 mit Wasser verdünnt werden. Es darf angezweifelt werden, dass sich die Konsumenten in den Kolonien an diese Regel hielten. Wegen der besonders ausgeprägten Möglichkeit, mit den verschiedensten Aromahopfen zu experimentieren, hat sich das IPA zum Lieblingsbier der Craftbeer-Brauer entwickelt.

Kellerbier

s. Zwickelbier

Kölsch

Wie schon der Name verrät, wird dieses Bier hauptsächlich in und um Köln getrunken. Es ist auch eine EU-weit geschützte Herkunftsangabe, nach der dieses Bier lediglich in Köln bzw. von den Brauereien des Kölner Brauereiverbandes gebraut werden darf. Das helle, hopfenbetonte Vollbier wird obergärig gebraut und hat am Anfang des Brauvorgangs eine Stammwürze von etwas über 11%. Am Ende bleibt ein Alkoholgehalt von knapp unter 5%. Die Brautradition in Köln besteht übrigens wahrscheinlich seit mehr als 1000 Jahren. Die Brauer der Stadt haben sich schon im Mittelalter zu einem Verbund zusammengeschlossen.

Lager

Als Lager wurden bis ins 19. Jahrhundert alle untergärigen Vollbiere bezeichnet. Mit einer Stammwürze zwischen 11 und 14 %, was einen Alkoholgehalt von etwa 4,5–5,5% ergab, waren diese Biere längere Zeit lagerfähig. Das meistens helle Lager ist schwächer gehopft als Pils und dadurch weniger herb. Die Bezeichnung »Lager« ist auch im englischen Sprachraum weitverbreitet.

Märzen

Im Monat März – daher die Bezeichnung »Märzen« – setzte der Brauer einst noch ein kräftigeres, haltbares Bier an, weil vielerorts das Brauen wegen der damit verbundenen Brandgefahr in den Sommermonaten verboten war. Außerdem waren für die untergärige Braumethode niedrige Temperaturen erforderlich. Die längere Haltbarkeit wurde durch einen höheren Stammwürze- und damit auch Alkoholgehalt als bei herkömmlichen Lagerbieren und durch stärkere Hopfung erreicht. Gehalten hat sich der Begriff »Märzen« vor allem in Süddeutschland und Österreich.

Pils

Nach der böhmischen Stadt Pilsen benannt, ist das Pils ein untergäriges, sehr helles, stark gehopftes Vollbier. Die Pilsner Brauart entstand im 19. Jahrhundert aus der bayerischen und beruht auf sehr hellem Malz, einer langsamen, kalten Gärung und einer langen, kalten Lagerung. Die Stammwürze beträgt mindestens 11 %, jedoch nicht mehr als 12,5 %, womit der Alkoholgehalt in der Regel knapp unter 5% liegt. Heute ist Pils in Deutschland die mit Abstand am häufigsten konsumierte Biersorte und auch weltweit sehr verbreitet und beliebt. Die Hopfenbitterkeit ist zwar immer charakteristisch für ein Pils, aber norddeutsches Pils ist weit herber als süddeutsches, das meist noch eine leicht malzige Note hat.

Porter

Porter ist eine alte englische Biersorte, die ursprünglich im 18. Jahrhundert als Verschnitt von obergärigem Ale mit Lager- und anderen Bieren entstand, und vor allem von Hafenarbeitern (»porter«) getrunken wurde. Bald wurde es als eigenständige dunkle bis tiefschwarze Sorte mit stark malzbetontem Körper gebraut und verbreitete sich auch auf dem europäischen Kontinent – vor allem im Ostseeraum (»Baltic Porter«). Dort wurde es auch als untergäriges Starkbier mit einem Alkoholgehalt von bis zu 9 % gebraut. In England wurde daraus das Stout entwickelt, das das Porter im Laufe der Zeit verdrängte. Im 20. Jahrhundert war das Porter sowohl in England wie in Deutschland beinahe von der Bierlandkarte verschwunden. Erst die aufblühende Craftbeer-Szene der letzten Jahre verhalf dem Porter wieder zu einer Renaissance. Typisch ist der cremige, feinporige Schaum.

Rauchbier

Eine Spezialität aus dem oberfränkischen Bamberg. Seine besondere Note erhält es durch das Rauchmalz, das beim Darren durch die Befeuerung mit Buchenholz entsteht. Einst war Rauchbier eher die Regel, da zum Trocknen des Malzes Sonne und Luft oft nicht ausreichten und mit Feuer nachgeholfen werden musste. Als sich das Malz im Laufe der technischen Entwicklung problemlos rauchfrei herstellen ließ, verzichteten fast alle Brauereien auf das offene Feuer. In Bamberg hielten die Brauereien Spezial und Schlenkerla die Tradition aber aufrecht. Mit einem großen Unterschied: Während das »Spezi« nur dezent rauchig und bernsteinfarben ist, hat das nahezu schwarze »Schlenkerla« einen sehr kräftigen Rauchgeschmack. Inzwischen haben einige Brauereien in Bamberg die Rauchtradition wieder aufgegriffen, und es gibt sogar weltweit Nachahmer.

Schwarzbier

Ein – wie der Name schon sagt – sehr dunkles Vollbier, das ursprünglich in Thüringen und Sachsen beheimatet war, inzwischen aber weitverbreitet ist. Das früher oft obergärige Schwarzbier wird heute fast ausschließlich untergärig gebraut, mit einer Stammwürze von mehr als 11 % und einem Alkoholgehalt von meist knapp unter 5 %. Die dunkle Farbe hat es vom dunklen Brau- oder Röstmalz, das ihm eine besondere Geschmacksnote verleiht.

Stout

Ein meist aus Irland stammendes schwarzbraunes und – wie der Name sagt – kräftiges Bier, das zuerst in England als starkes Porter gebraut wurde. Gängige Marken begnügen sich mit einem Alkoholgehalt von etwa 5 %, als Craftbeer ist es jedoch auch mit 10 % und mehr zu haben. Das obergärige, hopfenbittere Stout wird mit besonders stark geröstetem Gerstenmalz gebraut. Es entwickelt einen sehr cremigen Schaum. Mit dem Schwarzbier ist es farblich, im Geschmack jedoch kaum vergleichbar.

Weizen

Weißbier, wie das Weizen in Bayern genannt wird, ist ein obergäriges Bier, das mindestens zur Hälfte aus Weizenmalz hergestellt wird – der Rest ist Gerstenmalz. Es gibt helles und dunkles Weizen, aber auch Weizenbock. Zu unterscheiden sind im Wesentlichen zwei Arten. Hefeweizen ist durch Hefe und natürliche Schwebstoffe, die bei der traditionellen Flaschengärung drinbleiben, trüb. Es ist vollmundiger als das spritzige Kristallweizen, dem nach der Gärung Hefe und Schwebstoffe durch Filtration entzogen werden. Von Südbayern aus hat sich das Weizenbier in den letzten Jahrzehnten in der ganzen Republik verbreitet.

Zwickelbier

Das Zwickel- oder Kellerbier ist vor allem in Oberfranken und der Oberpfalz verbreitet. Es ist ungefiltert und daher naturtrüb – das heißt, die unvergorene Hefe sowie die nahrhaften Schwebstoffe bleiben im Bier. Da es meist auch ungespundet ist, hat es weniger Kohlensäure (die kann während der Gärung durch das unverschlossene Spundloch des Fasses weitgehend entweichen). Das Zwickel- bzw. Kellerbier hat eine kürzere Reifezeit, aber auch eine geringere Haltbarkeit als andere untergärige Vollbiere. Es wird aber sowieso meist unmittelbar nach Abschluss des Gärungsprozesses frisch vom Fass getrunken.

REGISTER

REGISTER

Biergrill-Rezepte sind fett markiert

NOTIZEN

Originalausgabe
1. Auflage 2023

Bauhof 1, 90556 Cadolzburg
www.arsvivendi.com

Lektorat: Julia Christ
Redaktion: Denise Maurer
Illustrationen: © Magdalena Kohl und
Sarah Newrzella (www.sarahnewrzel.la)
Cover und Gestaltungskonzept: finken&bumiller
Layout und Satz: Sandra Frick, www.lomyli-design.de

Druck: GRASPO CZ, Zlín
Printed in Europe

ISBN 978-3-7472-0544-0